だいたい四国八十八ヶ所

宮田珠己

集英社文庫

目次

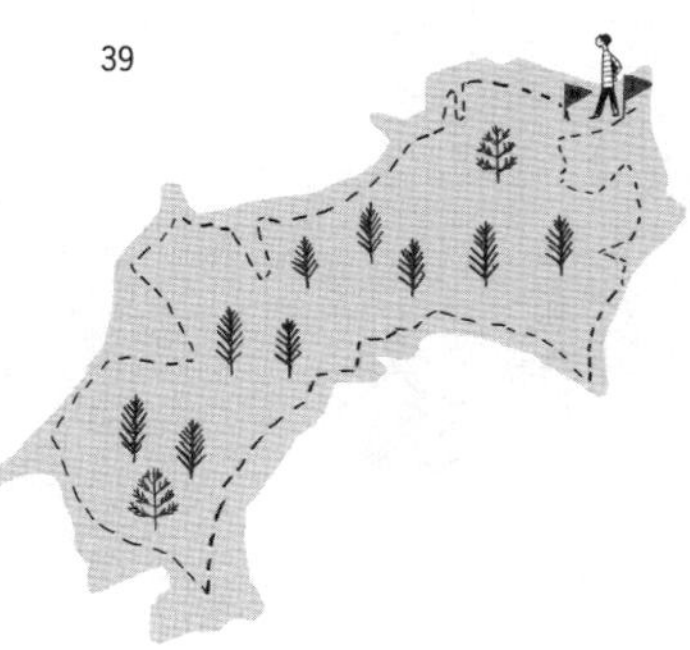

四国へんろ だいたいこんな感じ MAP

しまなみ海道
瀬戸内海を
眺める道
渦
今治
松山
単調
石手寺
ジャングル
風呂
石鎚山
岩屋寺
巡航船
布団でねる
弘法大師
峠の連続
宇和島
土佐昭和
四万十川
ヘレナ
歯長峠
足摺岬

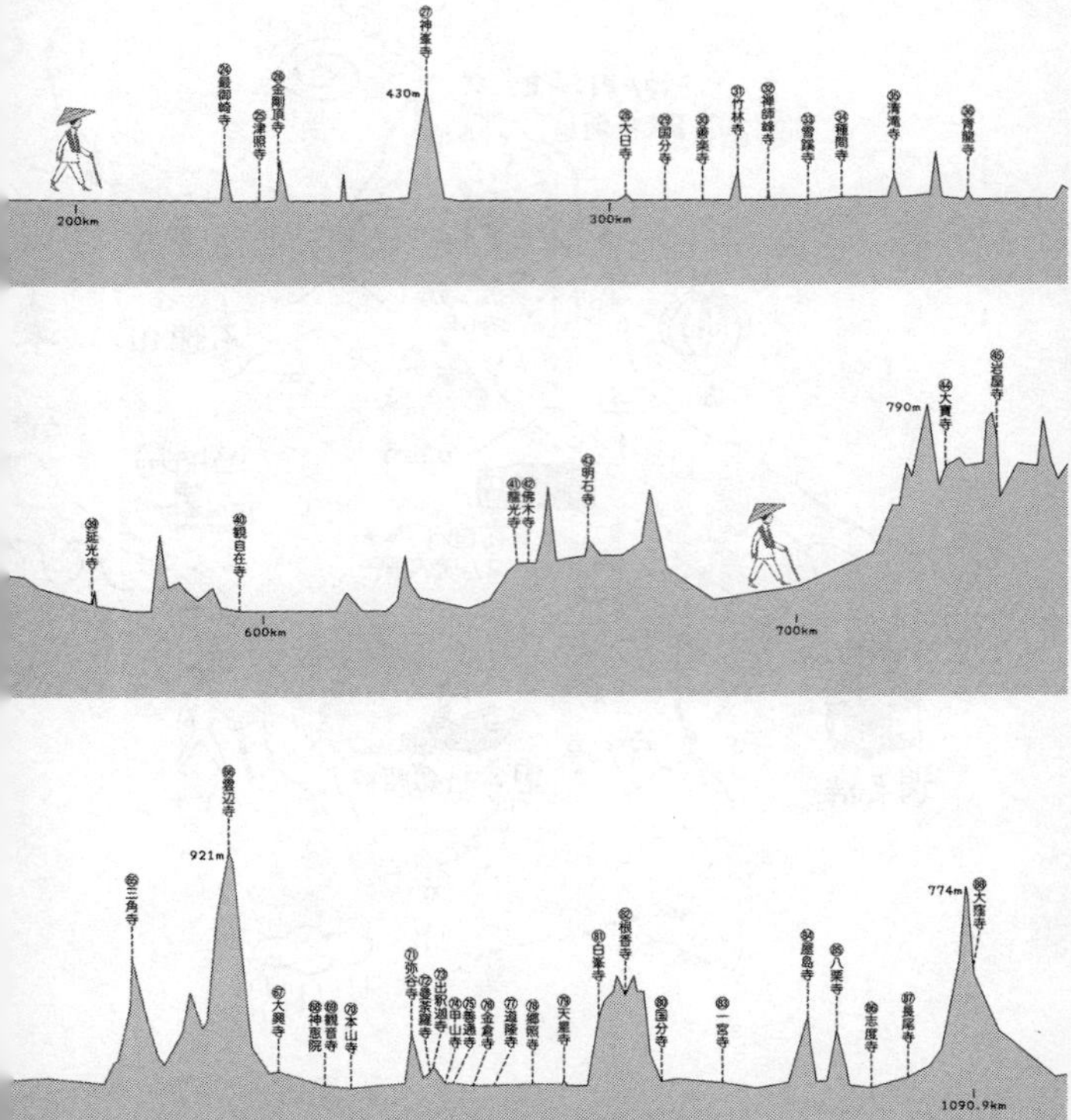

24 最御崎寺
25 津照寺
26 金剛頂寺
27 神峯寺
430m
200km
28 大日寺
29 国分寺
30 善楽寺
31 竹林寺
32 禅師峰寺
33 雪蹊寺
34 種間寺
35 清滝寺
36 青龍寺
300km
39 延光寺
40 観自在寺
600km
41 龍光寺
42 佛木寺
43 明石寺
700km
790m
44 大寶寺
45 岩屋寺
65 三角寺
66 雲辺寺
921m
67 大興寺
68 神恵院
69 観音寺
70 本山寺
71 弥谷寺
72 曼荼羅寺
73 出釈迦寺
74 甲山寺
75 善通寺
76 金倉寺
77 道隆寺
78 郷照寺
79 天皇寺
81 白峯寺
82 根香寺
80 国分寺
83 一宮寺
84 屋島寺
85 八栗寺
86 志度寺
87 長尾寺
774m
88 大窪寺
1090.9km

高低図作成／金子哲郎

高低差はだいたいこんな感じ図

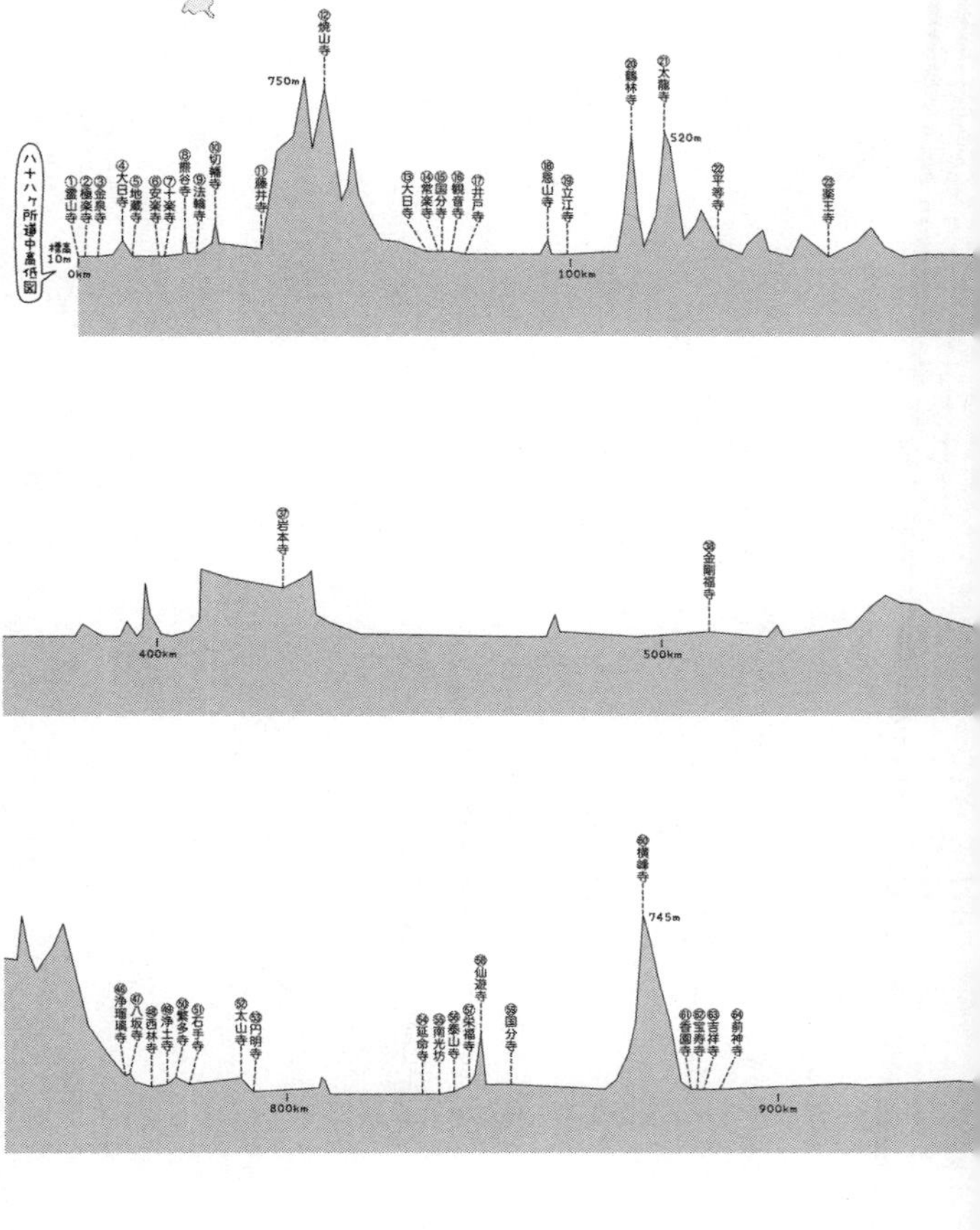

写真／宮田珠己
イラストレーション／石坂しづか
本文デザイン／宇都宮三鈴

だいたい四国八十八ケ所

1章
一番霊山寺から、徳島駅まで

話はさっそくフェリーに乗って

何のために、なんて考えていると、旅はいつまでたっても始まらない。

意味を考える前に計画を立て、結論が出る前に出発してしまう。これが大切である。

お遍路に行くとなると、普通は誰かの供養がしたいとか、穢《けが》れた魂を浄化したいとか、あるいは心に重たいものを抱えているのでそれを取り除きたいというほどでなくても、せめて、一度ここらで自分の人生をじっくり考え直してみようと思って、ぐらいの動機があってもよさそうなもんだけれど、私にはそういう神妙な理由は何もなかった。

あったのは、
・一周してみたい（四国）。
・全部回ってみたい（八十八ヶ所）。
・いっぱい歩きたい。
の三点だけである。

お遍路する理由としては、安直すぎるような気がするし、どうみても信心が足りない

のは明らかだったが、本音だから仕方ない。

私が初めて遍路を意識したのはずっと昔のことだった。ずいぶん長い距離を歩く巡礼が日本にあると何かで読んで知り、それ以来、日本人なら一度は富士山に登ってみたいのと同じぐらいに、いつかは四国八十八ヶ所を全部回ってみたいと、まあ、普段は忘れているんだけれども、たまに思い出したりしてきた。

もちろん一生に一度はメッカ巡礼みたいな信仰心があるわけじゃないから、すぐに忘れてしまうんだけど、忘れても何かの拍子にまた思い出す。思い出して、また忘れる。以下、繰り返し。

だが、そんなことをやってるうちに、やりたいなら今やらないと、いつまでもやらないような気がしてきた。先延ばしにしているうちに結局やらないまま時だけが過ぎていくというのは、人生によくある展開である。そんなとき、何のためにやるのか、それはオレの人生においてどんな意味があるのか、なんて考えていると、もうだめである。それはつまり、やりたいけど面倒くさいという正直な本音に、言い訳を与えようとしているだけだからだ。

やりたいことは面倒くさい。

案外知られていないが、これは人生の根本原理のひとつである。

面倒くさいってことは、本当はやりたくないからじゃないか、などと言う人があるが、それは大きな間違いだ。何事もやってからだんだん面白くなるのであって、やる前はどんなことでも面倒くさいに決まっているのである。

そんなことを言う人は、自分自身常にやらない言い訳を考えている人であり、その身も蓋もなさたるや、あなたって結局自分が一番かわいいんでしょ、とか問い詰めてくる女と同じぐらい不毛であるから、警戒しなければならない。そういう女には、結局自分が一番かわいいのは生物として当然であり、二番目にかわいいのがお前なのだ、と言ってやるがよい。そういうわけでつきあってくださいと言ってやるがよい。

つまりガタガタ言ってないでやっちゃえ、ということなのである。


そんなわけで前置きは終わりで、話はさっそくフェリーに乗って、四国へ向かっているところだ。

東京の晴海《はるみ》埠頭《ふとう》を出て、徳島経由で北九州へ向かうフェリーには、お遍路さん割引がある。お遍路さんがどっさり乗っているかと思ったら、徒歩で乗船したのはふたりだけだった。しかももうひとりはお遍路じゃなかった。梅雨に入ったばかりということもあって、誰も好き好んでお遍路なんかに行かないようだ。

四国へ向かうにあたってフェリーを選んだのは、割引で安いということも一因だが、何より旅情を味わおうと思ったからだ。

四国は島であり、島ならば船で上陸して、はるばる来た感じを演出したかった。演出したところで四国は四国だし、船なら和歌山からも出ているけれども、敢《あ》えて夜行のフエリーという非日常的な交通手段に長々と乗ることで、自分の中のスイッチを切り替えるつもりだった。退屈な日常を、旅のモードにリセットするのだ。

寝台に横たわり、静かな揺れに身をゆだね、周囲に広がっているはずの夜の太平洋を思いながら、これから私の行くところは、何年か前にうどんを食いに行った、子供の頃に少し住んだこともある、あの本州と三本の橋で繋《つな》がっている蝶《ちょう》ネクタイみたいなカタチの島ではないのだ、と考えてみた。そこは一見四国によく似ているけれどもその実体は極楽浄土であり、補陀落《ふだらく》であり、常世の国なのだ、そんなことを妄想してみるのだった。

徳島港からバス、次いで電車と乗り継いで、四国八十八ヶ所第一番札所霊山寺《ふだしょりょうぜんじ》にほど近い、板東《ばんどう》の駅に降り立ったのは、午後三時頃だった。

なにしろ日本有数の巡礼地だから、駅前には、歓迎！お遍路さん、とか、ようこそ四国八十八ヶ所へ、みたいな巨大看板とともに、お遍路用品などを店頭にドカドカ並べた一大商店街が待ち受けていて、へい、いらっしゃいいらっしゃい、今なら菅笠《すげがさ》大安売りだよ、金剛杖《こんごうづえ》二本買うともう一本オマケだよ、さあ買った買った、というような一大観光地的風景が展開しているのかと思っていたら、駅前はロータリーすらない寂れた住宅街で、私を歓迎している人は誰も見当たらなかった。

お遍路らしき乗客も、私以外に年配の女性がふたりいるだけで、今四国遍路がちょっとしたブームになっていると事前に聞いていたのは、いったいどこの話だろうか。

あるいはひょっとして、ここは四国のようでいて、実は四国ではないのではあるまいか。私はフェリーに乗って別の島に着いたのではないか。いや、それどころかどこか別の世界、たとえば第四惑星とか、それこそ観音浄土とかに紛れ込んだのでは？　なんて当てがはずれてつまらない気分になりかけるのを妄想でカバーしていると、小さなおばあちゃんが、すれ違いざまに何か声をかけてくれ、咄嗟《とっさ》のことで何を言ってるのかわからなかったが、「お遍路さん、がんばってね」みたいな内容であったのはその笑顔から理解できた。

その瞬間、私は、すっと、打ちとけた気分になり、ああ、ここは当たり前だけど本物の四国だったのだ、これから私の旅が始まるのだ、という夢見心地な心境が甦《よみがえ》ってきた。うれしさのあまり、この記念すべき最初のおばあちゃんを胴上げしようかと思ったほどだったが、落としたらいけないと考え直し、我慢した。

駅から霊山寺まで歩いていく。

門前町も、駅前同様それらしき盛り上がりはまったくなく、霊山寺の山門も、とりたてて派手だったり巨大だったり威圧的だったりすることもなくて、依然として、これが本当にあの四国遍路のスタート地点なのか、と拍子抜けするぐらいのあっさりした風景である。

しかも山門にお遍路さんがひとり立っていると思ったら人形だった。

のっけから異次元の雰囲気。あの奥には何があるのか一番札所霊山寺

なぜここに人形を置くのかそのセンスがわからない。まるでお化け屋敷の入り口みたいだ。お遍路さんがひとりもいないと、ここが一番札所だとわからないという配慮だろうか。たしかに、そう考えてみたくもなるほどに、境内に入っても、お遍路さんの数は少なかった。

　山門をくぐって、すぐに見えたのが本堂かと思えば大師堂である。本堂は、境内の奥、こんもりとした木立の中にあるようだ。木々のトンネルの向こうに薄暗い本堂内部が通し見えている。これほど緑が覆い茂る境内は、この規模の寺としては異質ではなかろうか。ある程度の広さを持つ寺ならば、境内はもう少し開けた空間にしてある気がする。

　そして、緑のトンネルの突き当たりに、黒々と口を開けて見える本堂。それはまるで森の奥の、魔物が棲《す》む洞窟といった風情で、その秘密めいた感じが、これから異界に旅立つお遍路にふさわしく思えた。

　本堂の中に入ると、灯明と提灯《ちょうちん》の明かりがそこここに揺らめいて、一瞬、遊園地のミラーハウスに入ったような錯覚を覚える。ずいぶんと奥ゆきのある本堂だ。荘厳な雰囲気に目を奪われて、呆然《ぼうぜん》と立っていると、誰かが、奥の小部屋から、おいでおいでと私を呼んでいる。

おいでおいで、おいでおいで。

誘われるままに、私はふらふらと小部屋へ吸い込まれていった。

緑に覆われた霊山寺の奥、底深い本堂のそのまた奥にある謎の小部屋。

私が、おいでおいでと誘い込まれたその部屋は、売店だった。意表である。極楽浄土であり、補陀落であり、常世の国でもある四国遍路の最初の札所なのだから、もう少し幻想的な何かであってほしかったが、ちょうどいいのでここで遍路用品を買い揃《そろ》えることにする。

ガイドブックによると、一般にお遍路の必需品といえば、白衣《びゃくえ》、菅笠、金剛杖、それに納経帳や数珠《じゅず》、ろうそく、お線香といったところだろうか。私はそこまで思い入れはないから、納経帳と菅笠だけ買うつもりだった。全部のお寺を回った証拠になる納経帳ははずせないと思ったのと、菅笠はなんとなく雨よけによさそうに思えたからである。

ところが、売店の人に、白衣は大事ですよ、白衣ならこれはどうであっちのはどうで、と勧められ、お店で気の弱い私はなんとなく勢いに呑《の》まれてつい買ってしまった。白いのは死に装束だからだそうで、いつどこで野垂れ死んでもいいという意味だと後で知り、そういうことなら、是非ともいらんと思ったけれども、後の祭りである。

さらに杖も大切で、四国遍路に同行二人《どうぎようににん》という有名な言葉がありますが、それはつまり弘法大師《こうぼうだいし》とふたりという意味なのです、そしてこの杖がお大師さんと言われているのです。おお、そうなのか、杖の正体は弘法大師であったか、ぶあははは、見破ったか才蔵！ ってそんな話じゃないと思うが、とにかく、橋の上でこの杖を突いてはいけないとか、宿では上座に置いて寝るとか、いろいろと杖にも作法があって面倒くさそうなので、弘法大師は置いていくことにした。だいたい山道はともかく、平地で杖など邪魔である。実はそれを見越して平常時はコンパクトに折りたためるスキー・ストックを一本持ってきてあった。

さらに納め札と、へんろみち保存協力会の地図も購入。

納め札は知らなかったが、各札所で納めるだけでなく、道中親切にしてくれた人に渡すものでもあるらしい。

その他ろうそくだの、線香だの、数珠だのは、信心の薄い私には必要ないというか、お金の節約&荷物減らしたい一心で、買わないと決めていた。もっと言えば、そんなものは辛気臭いというか、過剰な〝それらしさ〟は、恥ずかしいことぐらいに思っていた。

ところが、ふらりと現れたお坊さんが、私がこれから遍路に出かけると知って、「じゃあこれ、お接待です」と手に持った数珠をくれたのであった。「そういう本格的なものは、遠慮します」とか答えそうになったけれども、そこまで頑《かたく》ななのもどうかと思い、これはありがたくいただくことにした。

そうして必需品が揃ったところで、さっそくお参り。

四国遍路では、各札所の本堂と大師堂で納経するのが作法になっていて、ろうそくや線香を立て、賽銭《さいせん》を投げたり、納め札を納めたり、お経をあげたりするわけだけれども、私は、ろうそくと線香は割愛し、賽銭も切り詰めることにして、納め札と読経だけというオプションなしのエコノミータイプでお参りした。姿かたちも、納経作法もまったく本式でない、いい加減な遍路であるが、そんなことはまったくどうでもいいことだと思っていた。

歩き遍路のさびしい出発

四国遍路を思い立ったときは、なにしろ霊山寺はスタート地点だから、ひとたび歩き出せば、ブラスバンドの演奏や花火が上がったりはしないにしても、沿道に数々の店が並ぶなか、初々しいお遍路さんが川を渡るヌーの大群のようにごったがえして、ところにより旗を振って応援する子供やら、水を補給するスタンドやら、そのうち地面にはスタートから1キロ地点なんて表示があったりするのかもしれないなんて、にぎやかな出立をイメージしていたけれど、例によってそんなものは一切なくて、ただ殺風景な県道12号が続いているだけである。

正直に言うと、なんとなくもう少し誰かにかまってほしいような、祝福してもらいたいような気分だ。

先の霊山寺の本堂で、八十八ヶ所をついに結願《けちがん》し、お礼参りに来たという歩き遍路の男性が、同じくお礼参りの団体遍路がひとりひとり結願証明書のようなものを授与されているのを見て、「おれもああいうの欲しいな」と、しみじみうらやましがっていた。

旅行会社のツアーに参加しない歩き遍路には、何のセレモニーもない。ただ勝手に歩きはじめて、勝手に終わるだけである。もちろんそれで何が不足というわけではないものの、歩く身にはそれなりに大掛かりな旅であり、最初と最後ぐらい何かぱあっとしたものを求めたくなるのも人情だろう。「がんばって行ってこいよ。途中でへこたれるんじゃないぞ」なんて誰かにポンポンと肩を叩《たた》かれて、「やめてくださいよ」なんてオダギリジョーみたいに照れ笑いしてみたいではないか。せめて坊さんが出てきて、「よーい、どん！」ぐらい言ってほしい。

しかし、「よーい、どん！」も、とくに照れ笑う場面もなく、かといってひとりで不敵に笑ったりするのも正体不明なので、少々不本意だったけれど、誰にも見守られずにさびしく出発した。

一番から、二番札所極楽寺《ごくらくじ》へ向かう道は、単調である。

四国遍路と聞いて期待していた山道とかあぜ道といった自然の中の道ではなく、ずっと大きな車道。いよいよ始まったという興奮はあっても、道自体はとくに面白くない。

右手に低い山の連なりが見えた。そこから流れてくる幅広い川を橋で越えたが、河原《かわら》らしい河原もなく、川筋が見えないほど幅いっぱいに雑草が生い茂って、流れは草むらの下を密《ひそ》やかに這《は》い進んでいるようだった。コンクリートの段差があって、そこだけ突然水が豊富に流れ落ちている。上流にめがね橋が見えていた。

歩き遍路などほとんど見かけない。観光バスでやってきてお参りしている団体はいたが、歩きの人は、電車から一緒だった五十年配の女性ふたり連れだけである。これはやはり梅雨のせいもあるのだろうか。

やがて、県道沿いのドライブインのような大味な場所に着くと、山門があって、そこが二番札所極楽寺だった。霊山寺からとても近い。拍子抜けするぐらいだ。

本堂と大師堂で般若心経をあげ、納経所で、納経帳に朱印と墨書きをしてもらった。極楽寺には、弘法大師が植えたと伝えられる長命杉があって、鉄骨に支えられて立っている。それを見上げて、ああ長命杉、と思ったものの、それ以上にとくに感想はなかった。

不思議なもので、当初の計画では、ひとつひとつのお寺をじっくり見物しつつ前へ進もうと考えていたのに、歩きはじめると、どういうわけか早く次へ行きたくて仕方がない。はっきりとしたけじめもないままにスタートしたこともあって、まだ四国遍路らしからぬ気分で落ち着かないのだ。早く〝らしい〟区間へたどり着きたい。

それで極楽寺のお参りを終えたら、すぐに三番へ向かって歩き出したわけだが、残念ながら、しばらくすると時間切れとなった。時間切れというのは、夕方五時になったということで、五時になると納経所が閉まるため、お参りはできても朱印がもらえない。したがって、今日は次の三番付近まで進んだら、そこでおしまいということになる。

ちょうど三番金泉寺《こんせんじ》の近くに宿があったので、電話して予約。すぐに到着して、今日の行程は終了した。瞬く間の初日であった。

夜、宿の布団に転がって地図を眺める。

今日歩いた距離は一番から二番までが1・4キロ、さらに二番から三番までは2・6キロで、合計4キロだった。その程度では歩いた気がしないのも当然だ。ちっとも疲れておらず、物足りなかった。だいたい本当に始まったのかと、いまだ半信半疑な気持ちだ。

私は気持ちを切り替えるべく、地図を眺めて、今後の行程に思いをめぐらせた。

地図によれば、この先、長くてもせいぜい5キロ程度の間隔で、十番まで進んでいけるようだった。八十八のうちの十だから、ずいぶん進むように思えるが、距離でいえば、まだまだ序の口で、高知県に入ると次の札所まで80キロ以上なんていう区間もあるらしい。

その点、徳島県内の札所の位置取りはなかなか巧妙にできていて、最初は一気に数を稼がせてそ

三番札所金泉寺。四国遍路の寺は、意外に小ぶり

の気にさせ、その後、最初の試練と言われる登山があり、そこでへこたれそうになったと思ったら、また一気に何ヶ所も札所が現れて、気力を挽回《ばんかい》させるような配置がなされている。これは偶然だろうか。それとも計算されたものなのだろうか。

そうして十七番まで回ると、徳島市中心部に戻り、一番から十七番までで小さなループができる。言ってみれば、ここまでで四国全体の予行演習ができるというか、全体のミニチュア版になっているわけなのだ。十七番まで進んだところで、こりゃ全部は無理だと判断してやめる人もいるとガイドブックには書いてある。ある意味、お試し区間とも言える。

このお試し区間の山場は、十一番藤井寺《ふじいでら》から十二番焼山寺《しょうさんじ》への登山で、これは四国遍路最初にして最大の難関、通称〝へんろころがし〟と呼ばれる。標高にして700メートル登るそうだが、それだけ聞くと、さほどのことはないようにも思える。しかし、〝へんろころがし〟というぐらいだから何か秘密があるのだろう。たいていの歩き遍路は、この登山に備え、前日は十一番近くに泊まって朝出立するようだ。

私としても〝へんろころがし〟で転がされるのは避けたい。みんなあそこで脱落するんだよ、みたいな場所で脱落するのだけは悔しい。〝へんろころがし〟にやられるぐらいなら、それ以前のなんでもないところで脱落したほうがましだ。

地図を眺めているうちに、私はだんだん背中がむずむずしてきた。この先に横たわる膨大な距離に気持ちがはやる。かくなるうえは、体力の続く限り精いっぱい歩くことなく、なるべく道草しながらお遍路しようと思う。こういうものは、絶対最後まで行かねば負けだと思うから面倒になるのだ。そうではなくて、こんなに長く旅行できる、道草もいっぱいできると思えば、散歩と同じで、気楽なはずである。

一日目　一番霊山寺〜三番金泉寺付近　歩行距離4・0キロ

旅の醍醐味と、靴のゴミ

二日目は雲ひとつない快晴だった。

さっそく朝一番に三番札所金泉寺を打ち、次なる四番大日寺《だいにちじ》に向かって歩き出す。

私は思うのだが、旅の醍醐味《だいごみ》の最たるものは、今自分がその場所にいるという実感ではないだろうか。

写真でしか見たことのなかった観光スポットの実物を、これが有名なあれかぁ、と見物して有意義な気分に浸ったり、今後二度と会うことはないであろう素晴らしい人たちとの出会いに心温まったり、珍しいご当地料理に、うまいんだかなんだかよくわからないけど舌鼓を打ったり、さらにもう一歩踏み込んで、現地でしか知りえない歴史や風俗を学び、ささやかな知識の増進に悦に入ったりなどなど旅の感動数あるけれど、この、今自分はここにいる、という発見ほどすがすがしいものはない。

おお、私は、今、こんなところにいる！

その臨場感にこそ旅の本質はあるのである。

観光や、出会いや、食事や、知識の増進など、それらはすべてオプションだ。もちろん、オプションをどれだけ付加しようと本人の勝手であって、本人が楽しければそれでいいのだけれども、残念なのは、多くの旅人が、この〈今自分はここにいる〉の醍醐味を、とくに意識しないまま帰ってしまうことである。ひょっとすると密かに意識しているかもしれないが、それをあまり重要視せずに、オプションのほうに気をとられて右往左往しがちなのは、実にもったいない。

そんなわけで四国遍路二日目であるこの日、梅雨とは思えぬ真っ青な空の下、私は、四国のまるで縁もゆかりもない土地を歩いている自分を、あらためて発見してみることによって、静かに感動しようと思う。

おお、私は、今、お遍路さんである！

もちろん、お遍路であることもたいした問題じゃなかった。それだって、旅の大局的な見地から言えば、実はオプションに過ぎないからだ。

私は四国にいる。四国徳島県の道路上に。

それだけで十分なのだ。この感動で、ご飯三杯はいける。

準備に時間をかけず、そそくさと東京の自宅を出てきたのがよかった。今日ここにいることなど数日前にはまったく予想していなかった、あれよあれよという間に自分はここに来てしまったという意外性、数日前と今日との落差が味わい深い。

さらに贅沢《ぜいたく》を言わせてもらうなら、その今日が、本来旅行などしている場合ではなく、仕事できゅうきゅうになっているべき今日であれば、なおよかった。やっておくべき諸々《もろもろ》の業務をかなぐり捨てて、それによって生じる粗相、不利益、不都合、不始末を一切合財ものともせずに、後は野となれ山となれ、そうやって旅立ってきたのであったなら、その味わいはさらにコクが出て、絶品となったことだろう。

昨日四国遍路をスタートして、一夜明けたことで、私の中では完全にモードが切り替わっていた。昨日はまだ自分がニセモノであるような気分で浮き足だっていたが、今日は、はるばるこんな土地に来て歩いていることが、それが現実であることが、生々しく感じられて面白い。

三番札所金泉寺のあと、住宅街を抜け、導引大師《どういんだいし》を過ぎると、徳島自動車道の高架が見えてきた。小さな祠《ほこら》にカヨ地蔵とあるのを立ち止まって見物し、ついでに空を見上げる。

これで本当に梅雨なのだろうか？

空には雲ひとつない。

素晴らしい青空に感動しつつ、さらにしばらく進んだところで、不意に、あることに気がついた。

金泉寺で朱印もらうの忘れた。う。

なんということだ。すっかり浮かれて、スタスタ歩いていたぞ。思わず地図を引っ張り出してみたところ、すでに金泉寺から2キロぐらい進んでいた。旅の醍醐味とか語ってる場合ではなかった。２キロなどたいした距離ではなさそうだが、これから戻ってまた先へ進むとなると往復４キロのロスだ。

やっとれん。

んんん、どうしても戻らないといけないだろうか。これからまだまだ先は長いというときに、想定外の距離を歩くのは苦痛以外の何ものでもない。いっそ朱印集めなんてやめてしまおうか。なんだか朱印なんかいらない気がしてきた。本心では何も信仰していない自分のような者に、朱印は必要ないのでは？

しかし、朱印はもらっておけ、と内なる別の自分の声がする。実は私には、朱印にまつわる苦い思い出があるのだった。

かねてより何十何ヶ所といったタイプの巡礼に惹《ひ》かれていた私は、もう十年近く前、一番手軽そうな巡礼として、秩父《ちちぶ》三十四観音に目をつけ、巡礼してみたことがある。秩父の札所は、四国や西国とちがって行程が短く、一週間とかけずに全部回れそうな安直さに、結願は容易であろうと私は踏んでいた。

ところがである。巡礼を始めた初日、二番札所の納経所で思わぬ出来事が起こったのである。一番札所で最初の朱印をもらったばかりの納経帳を差し出すと、ご住職だろうか、納経所にいたお爺《じい》さんが墨でさらさらと何か書いたあと、突如「ああっ！」と悲しい声で叫んだのだ。

何が起きたかと思えば、お爺さん、うっかりして、五番札所のページにその達筆を走らせてしまったのだった。

おお、五番札所！　まだ行ったこともない。

本人は大変恐縮しておられ、私は、まあいい、五番札所で二番札所のページに朱印をもらうだけのことだとそのときは思った。ところが、その後三番を回り、四番へ向かおうかという段になって、なんだか朱印などどうでもいいなげやりな気持ちになってきたのである。まさに今の状況と同じだ。朱印があろうがなかろうが、札所を全部回れば、それでいいと私は考えはじめていた。

ところが、そうなってしまうと、今度は巡礼そのものもどうだっていいような気がしてきて、結局四番には向かわないまま、そのまま帰ってしまったのだった。そうして私の秩父巡礼は、三番札所までで頓挫したのである。

朱印のせいかどうか断定はできないが、朱印を軽視することによって、巡礼全体が、どこか中途半端な所在ないものに思えてきたのは事実だった。

四国遍路も、今、朱印なんかなくてもいいや、と思っても、後になって、朱印がないせいでお遍路そのものがどうでもよくなってくる危険性がある。そうなってはこれまでの苦労が水の泡だ。って、まだ全然苦労していないが、今ここでああだこうだ考えてるひまがあるなら、さっさと引き返したほうがいい、と私は考えた。まだ戻れる位置で気づいたのも、きっと運命が戻れと言っているのだ。

通ってきたばかりの道を戻るのは、これまでの溌剌《はつらつ》とした気分とちがい気乗りがしなかったが、やむをえない。菅笠を被《かぶ》った目立つ格好で反対向きに歩いていくのも、恥ずかしいが、それも仕方がないことだった。そうして金泉寺まで戻って朱印をもらい、一時間も無駄にして、

おお、私は、まだ、こんなところにいる！

なあんて言って、こんなことならあと一時間宿でゆっくり寝ていても同じことだったと、苦々しく思った私である。

行って戻ってまた行って、三度も通った道

気を取り直して前に進む。

さっき見た導引大師、カヨ地蔵を過ぎると、待ち望んでいた土の道が現れた。

山の縁や、墓地の脇、田んぼの畦《あぜ》など、へんろ道はそうでなくっちゃ、と言いたくなるような道。踏みつける足の裏の感触も、アスファルトとちがって、やんわりと心地よい。本当にこれが公式のへんろ道かと思うような細い畦を歩いていると、

こっち

靴には地面からじわっと染み出した泥がついて、これだこれだぁ！ と気分が盛り上がる。足が軽くなったその拍子に、ずるっと田んぼの水の中へ滑り落ちそうになったりした。

その先四番大日寺の手前を歩いていると、通りすがりの乗用車が突然止まり、年配の男性が降りてきて、「お接待です」と言って、缶のお茶とマンゴーあめをくれた。

四国遍路では、途中で見知らぬ人から、飲み物や食べ物をもらったりすることがあるという。それを〈お接待〉といい、話には聞いていたが、こうして実際に私の手にお茶とマンゴーあめがやってきたのだ。〈お接待〉は実在した。実にありがたい。

時間を無駄にして凹《へこ》んでいた気持ちが、おかげでみるみる回復した。そうしてその後四番大日寺、五番地蔵寺《じぞうじ》、六番安楽寺《あんらくじ》、七番十楽寺《じゅうらくじ》と軽やかに打っていく。

やがて十楽寺を出たところで、突然足がベコベコした。

「ん？」

見れば、靴底がまるごと剝がれて、靴がワニみたいになっている。

おおお、なんちゅうこっちゃ。

そのまま無視して歩こうとしたが、無理だった。ワニの下あごが、べろっと下にめくれ込み、自分で踏んでしまうのである。どうしても歩こうとするなら、まるで水からあがったダイバーのように、足を高くあげて、ペッタンとまっすぐ下ろすようにして前進しないといけない。やっとれん。

これからというときに、靴壊れてどうするか。四国遍路まだ始まったばかりであろう。ザックをあさり、針と糸をとりだして縫おうと試みるも、硬くて針が通らなかった。新たに靴を買うならば、どこか大きな町へ出るしかない。しかし、せっかく歩き出したものを中断するのも悔しかった。十楽寺の納経所に戻ってガムテープをもらい、靴をぐるぐる巻きにして、この応急処置で行けるところまで行ってみようと考えた。だが、それもそんなに進まないうちに、ガムテープが磨耗して千切れてしまう。そのたびにあらためてぐるぐる巻いて進むけれど、すぐまただめになる。

あ〜あ、一難去ってまた一難。

信仰心の薄いお前のようなものは四国遍路するな、という弘法大師のお告げであろうか。

何度もガムテープを巻いては歩き巻いては歩きしているうちに、だんだん靴がガムテープの粘着成分でベタベタしてきた。そうなると今度は、石ころとか小さいゴミとかそのほか得体の知れぬ有象無象がいっぱい付着して、片足だけ海底擬態生物モクズショイのようである。モクズショイとは、海の底で海草の切れ端とか小さな貝殻とか、とにかく海の藻屑《もくず》をなんでもかんでも全身に貼りつけて周囲を欺き、密かに世界制覇を企んでいる恐るべきカニの一種だ。そういうものに、私の足はなってしまった。

なぜこれからというときに、こういう予期せぬ不幸が私を襲うか。旅の醍醐味はどうなったのか。醍醐味というより、粗大ゴミがくっついてこないか心配である。

その後私は、靴に藁《わら》とかビニール袋とか、そういうのが貼りつくと嫌なので、うっかり何か踏んでしまわないよう必要以上に路上の落とし物に目配りしつつ、九番札所法輪《ほうりん》寺《じ》まで歩いた。すると、腹立ちまぎれにのしのし歩いたおかげで、今度は足の裏に急速にマメが発達してきたりして、ますます事態は混迷の度合いを深めていったのであった。

二日目　三番金泉寺〜九番法輪寺　歩行距離20・1キロ＋4キロぐらい

しんどい〝へんころがし〟は、登る前からいい思い出

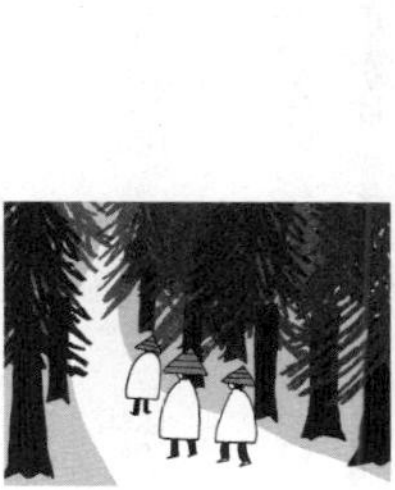

二日目の宿は、越久田屋《おくだや》といって、へんろ道からは少々はずれた位置にあった。しかし、電話をすると九番法輪寺まで車で迎えに来てくれ、朝はまた法輪寺まで送りとどけてくれるという。

四国遍路がいいのは、宿がお遍路さんの行動パターンに見事に対応していることである。当日の朝におひとりさまで予約を入れても嫌な顔はしないし、へんろ道まで送り迎えしてくれる。今日はここまで歩いたから、明日はそこからスタートしたいという希望も宿のほうでわかっており、効率を考えて他の客と同じ場所までまとめて送るというような大雑把な対応はしない。そして何より、宿に入れば、たいてい洗濯機と乾燥機が用意されているのが助かる。たとえ宿にない場合でも、近場のコインランドリーなどへ案内してくれる。おかげで実に旅行しやすい。

越久田屋は素泊まりのみで、風呂と食事は近所の健康ランドへ送迎してくれ、そこで

とるとのことだった。面倒なようだが、通常、へんろ宿の風呂はあまり広くないから、順番で入ることになり、客が多いときはずいぶん待たされることもあると聞く。その点、健康ランドは順番待ちもないし、広いので、これもかえってよかった。

この日の泊まり客は私を含めて四人。

ひとりは男子学生で、もうひとりは失業中の若い男性。さらに、週末を利用して少しずつ回るというへんろ二度目の社会人男性がいた。このうち前者ふたりはすでに結願、つまり全部回ったようだ。なぜ全部回ったのにここに泊まっているかというと、八十八ヶ所は八十八番まで回っただけでは四国一周したことにならないから、最後にまた一番へ参る人が多く、その八十八番から一番までの通り道にここはあたるのである。

学生は歩き通したようだが、失業中の男性は、はじめは歩いていたものの、途中からレンタカーに切り替えたと告白した。

「二十三番までは歩いたんですけど、そこでなんか怖くなって、徳島に戻っちゃいました」

怖くなった？

一瞬何のことかわからなかったが、地図をよくよく見ると、その気持ちがわからなくもない。

二十三番薬王寺《やくおうじ》から、次の二十四番最御崎寺《ほつみさきじ》までは、75キロもあるのだ。それも室戸《むろと》岬《みさき》へ向かう海沿いの単調な長い長い道で、途中、甲浦《かんのうら》までは電車が通っているものの、後半になると店どころか自動販売機すらないという長丁場なのである。横を電車が走っているうちは、いざとなったらそれで帰れるという安心感があるが、この先はもう線路がないという地点に来ると、急に不安に襲われた、と男性は言う。いきなり大海に放り出されるような気分になったのだろう。

もうひとりのへんろ二度目の男性は、明日八番からスタートして十二番まで行くという。かなりの強行軍である。十二番というのは、先にも書いた、まさしく四国遍路最大の難所〝へんろころがし〟だ。ガイドブックなどによれば、山麓の十一番藤井寺から十二番焼山寺までは、標高差700メートルの登山道で、通常は六時間、健脚でも五時間はかかると書かれている。しかもその山麓の十一番まで、八番からだと15キロもある。15キロ歩いたあとに、700メートル登山である。かなりきついんじゃないかと思うが、前回は〝へんろころがし〟を三時間で登ったから全然問題ないと本人は言っていた。何かスポーツでもしておられるんですか、と尋ねると、いいえ毎日一時間歩いているだけです、とのことだった。宿のオーナーも「これまで三時間四十五分で登ったという人はいたが、三時間は凄《すご》い」と驚いていた。

ともあれ、いろんな人がいて、なんだかんだ情報交換をするのは、旅の宿の楽しみである。海外にも、日本人が集まりやすい安宿があって、そういう場所では、見知らぬ人とすばやく打ちとけて、ああでもないこうでもないと旅の情報交換をするのが、通例になっていた。海外の安宿と、四国遍路の宿に違いがあるとすれば、ひとつは海外の安宿

吉野川を渡る。山に登るよりここで泳ぎたいと思った

十一番近くで見た謎の城

は長逗留《ながとうりゅう》することが多いけれど、遍路宿はみな一泊しただけで出ていくことと、もうひとつは四国遍路のほうが年齢層が高い点だろうか。外国の安宿で中高年が若者に交じってポツンといると所在ないが、遍路宿ならそんなことはなく、四国遍路は、適度に誰

かと打ちとけあいたい中高年に、最適の旅のルートになっているのかもしれない。

さて三日目は、九番法輪寺から歩きはじめ、やがて十番切幡寺《きりはたじ》に到達した。

一番札所の霊山寺から十番の切幡寺までは、四国を東西に貫く中央構造線に沿ってひたすら西へ歩いてきたが、この十番からへんろ道は南に折れ曲がり、吉野川を越えて南側の山脈に取り付く。

切幡寺は中央構造線の北側にあるから、333段の階段を登り切ったところにある境内から、その吉野川や南の山々を見晴らすことができた。あの山麓に十一番藤井寺があり、山のどこかの頂近くに十二番焼山寺がある。そう思いながら、これから歩く距離を、私は目で実感した。普段であれば、あんなところまで歩くのかよ、と言いたくなる遠さも、今はなんとも思わない。そのうち着くのだろうと他人事のように考えた。

余裕があるからではない。どこまで歩くとか立派なことを考えてる場合ではないのだった。靴は崩壊寸前で小さなゴミがいっぱいまつわりついて汚いうえに、足の裏にマメが出来て、境内を歩き回るだけで痛い。次の一歩がもう痛い。変にかばった歩き方をすると、そのうち筋肉も痛くなりそうなので、敢えて平常時と同じ歩幅同じ歩調で歩いているが、顔はさりげないふうを装いつつ、心は半泣きである。こんなに早くマメにやられるとは、不覚もいいところだ。

四日目。いよいよ十二番焼山寺へ向かう。

通称〝へんろころがし〟と呼ばれる十二番焼山寺への山道は、標高差約７００メートル。

そう聞くと、さほどの山道とも思われないけれど、よくよく地図で確認すると、途中７５０メートルまで登ったあと、いったん４００メートルまで下がって、また７００メートルまで登り返す。この途中の、せっかくがんばって７５０も登ったのに何だ、という脱力感が〝へんろころがし〟の〝へんろころがし〟たる所以《ゆえん》である。歩き遍路は、おかげで合計約１０００メートルを登らされるはめになる。

私の経験では、標高差３００メートルぐらいまでは散歩の延長気分でいける。５００メートルぐらいになると登るんだという意志が必要になり、７００メートルになればそれなりに覚悟も要る。これが１０００メートルを超えてくると、さすがにしんどい。１５００メートルとか言われたら、やめる。

このさすがにしんどい〝へんろころがし〟を、藤井寺近くの宿で知り合った年配の歩き遍路の人たちと、ゆっくりゆっくり登っていった。

途中からポツポツと雨が降り出す。その中を頭から背中のザックまでポンチョで覆って、てるてる坊主のような格好で、一歩一歩進む。

天気が悪いときの山道は、まったくうんざりする代物だ。地面は濡《ぬ》れて滑りやすいし、滑ったら滑ったで泥がつきやすいし、何より景色がつまらなく、かつ迷いやすい。へんろ道は標識が多いから、迷うことはないと思うが、このちっとも面白くない道行きを、誰に頼まれたわけでもないのに、黙々と登る私のモチベーションは、ただただ四国を一周したい、八十八ヶ所全部回って朱印を集めたいという、観光気分とゲーム的モチベーションのみである。しかし歩いているときはそんなことは忘れており、単に焼山寺に到着したときに感じるであろう安堵感《あんどかん》と達成感を期待して、マシンのように足を前に運んだ。マメが痛いったら痛い。

私はこういうとき、何分後か何時間後、あるいは何日後かの未来に、この瞬間のことを他人事のように思い出している自分を想像する。ああ、あのときはしんどかったなあ、なんて言っている未来の自分に意識を重ね、しんどい今を、いい思い出として味わおうという作戦だ。

夏目漱石が「草枕」の中で、自分を山水画の登場人物のように絵の一部として客観的に見る非人情の極意を語っているが、原理は同じことである。漱石は息苦しい世界を気楽に眺める必要性からそんな技を編み出したようだが、私の場合は肉体上の要請である。この体のしんどさを他人事か絵空事として、突き放すことはできないものか。だから「草枕」の漱石は、雨が降り出すと、それどころじゃなくなったと、さっさと非人情をやめてしまうけれども、こっちは雨だからこそ一層非人情が必要だった。

もうずいぶん登ったと感じた頃に、浄蓮庵《じょうれんあん》に到着。

杉の巨木があって、その前に弘法大師像が立っていた。

浄蓮庵の異形一本杉

へとへとになっているときに、こんなものに出会うと、なにやら霊験あらたかな気がしてしまうけれども、そんな像よりも、根っこ付近から幾筋にも枝分かれした一本杉の異様さに目を見張る。杉というのは、こんなにも最初から枝分かれする樹だったろうか。

私は、四国遍路とはきっとこういうものだと、そのとき思った。手前にある弘法大師だの札所だのについ気をとられてしまうが、見るべきはその背後にある四国の自然そのものだ。

おそらく浄蓮庵も、もともとは杉の巨木に何かを感じたからこそこの場所だったにちがいない。弘法大師像は、その感動の上に、虎の威を借る狐《きつね》のように据えられたのである。素朴な自然への信仰心に、宗教の枠が塗り重ねられたのだ。このように、大自然への畏怖心を、弘法大師信仰へとすりかえさせるある意味陰謀によって、四国遍路が作られていると考えるのは、たぶん正しい。

正しいけれども、それを指摘するのは野暮なことでもあるだろう。そんなことはみんなわかっている。わかったうえで、弘法大師という方便を利用しているのだ。

浄蓮庵から、せっかく登ってきた道が下りになり、山間《やまあい》の集落へ降りていく。そうして、また300メートルも登るのかと思ったけれども、この先は急登で、一気に高度を稼ぎ、思ったよりも早く焼山寺にたどり着いた。

たどり着いても、両手を空に掲げて、ゴオオオール！　というような元気はなく、納経所目指して、みしみしと踏みしめるように歩いていく。

そうして納経所のベンチにどっと腰を下ろすと、まずはペットボトルのお茶を引っ張り出してごくごく喉に流し込み、今登ってきたばかりの〝へんろころがし〟の苦しみを反芻《はんすう》した。きつい山道を登りながら、夢に見ていた瞬間が今このときだ。ああ、やっと着いた。

思い出は苦しければ苦しいほど、そしてそれに比べて今が楽であればあるほど、いい思い出である。したがって、ほんのさっきのことだけれど、〝へんろころがし〟はいい思い出である。

人心地ついてから見る焼山寺の境内は、太い杉の木立に、白く雲気がまといついて、まるで山水画の世界であった。私はついにその絵の登場人物となって、非人情が完成した。

三日目　九番法輪寺～十一番藤井寺　歩行距離13・9キロ
四日目　十一番藤井寺～鍋岩《なべいわ》　歩行距離17・3キロ

十九番もきりがいいが、徳島駅もいい

焼山寺の先は、鍋岩からいったん小さな峠を登り返し、そこから十三番の大日寺目指して山を下っていく。旅は五日目に入っていた。

四国遍路最初にして最大の難所〝へんろころがし〟を昨日クリアして、気分爽快である。〝へんころころがし〟というから、どんなに厳しい道かと思えば、あの程度なら、登山だと考えれば、むしろ軽いほうではないか。最大の難所の登りがこれなら、なん、四国遍路恐るるに足らず、とさえ思う。

恐るべきはむしろ、下り道のほうだ。大日寺への下りは、山の中なのに、道が舗装されていてとても歩きづらかった。

今回四国遍路にやってきて、何より落胆したのがこのことだった。四国遍路と聞けば、田んぼのあぜ道や山中の静かな林道をイメージするではないか。それが9割以上舗装道だと聞いて、がっかりしたのである。

アスファルトは足にくる。

とりわけ下りのアスファルト道は、靴の中で足が前に滑り、指先が先端にぎゅっと集まって難儀である。この滑る瞬間の摩擦の繰り返しでマメの皮が破れそうになる。これが土の道ならば、必ずしも地面が傾斜しているとは限らないから、靴の中の足も滑ったり滑らなかったりだが、アスファルトは傾きが一定で、必ず滑る。そのときの指先の痛みたるや、相当なものだ。

我慢できず、時々後ろ向きに歩いた。そうすれば指が前に集まらないからだ。ところが、進行方向を確かめようとふり向いた拍子に、足がもつれて背中からひっくり返ってしまい、下り坂だから、そのままゴロンと勢いよく後転して、体がザックの上を乗り越え、地面でドカッと後頭部を打ったのである。たいして痛くはなかったものの、人気のない山道で、ひとりでヨガみたいなエビみたいなポーズになったりして、われながら何やってんのかと思う。あとで調べたところ、プロレス技でいうところのジャーマン・スープレックスでフォールされた人が同じ形である。こっちのほうが、真の〝へんころころがし〟ではないか。

もっとも山道には、いいこともある。とりわけ、お遍路をスタートして初めて見る山深い風景は、私の気持ちを浮き立たせた。五日目にしてようやく、見たかったのはこんな景色だと言える眺めに出会ったのである。

峠を越えてまもなくのことだ。ちょうどそれまでガスに煙っていた谷間が日光に暖められて、だんだんと姿を現しはじめていた。霞《かす》んだ空が白くふくらんで発光し、今にも太陽が顔をのぞかせそうだった。もうすぐ晴れるかなと期待して待っていると、やがて唐突に幕が開くようにして、眼下に広大な斜面が出現した。

その瞬間、思わず、私は息を吞んだ。

斜面が、予想していたよりずっと広く深かったからである。

——こんなに高いところにいたのか。

ヒマラヤだ、と思った。

いや、もちろん四国なんだけど、杉林の中に段々畑が点在するその光景が、かつてトレッキングに出かけたことのあるヒマラヤ南麓、ネパール山間部の景色を彷彿《ほうふつ》させた。山林を切り開いた傾斜地の一画に、ほんの数軒、木造家屋が張りついている。鉄板葺《ぶ》きの赤い帽子のような屋根と、青い帽子のような屋根。その青いほうの屋根が明るく鮮やかで、日本ではないかのようだった。そばに棕櫚《しゅろ》の樹が植えられているのも、どことなく南方の国を思わせる。

谷底には、蛇行して流れる鮎喰川《あくいがわ》の暗緑色の川筋が、白い河原との美しいコントラストを見せていた。差しはじめた日の光を反射して、川の表面が鉛色に輝いている。

胸に、旅の醍醐味である「ここにいる」感が、いっぱいにあふれてくる。

——おお、私はここにいる！

うれしさを波にしたような、うりゃうりゃしたものが、背中を駆け上って、後頭部から空へと抜けていった。大声で、何か叫びたい気分だ。

「見ろ、私は今ここにいるぞー！」

四国でヒマラヤを思う

おにぎり休憩にうってつけの清流

後頭部からまたひっくり返らないよう十分に気をつけながら、私はヒマラヤ感あふれる山道を下った。鮎喰川に架かる橋を渡り、そこから川に沿ってさらに大日寺を目指して歩いていく。

間近に見る鮎喰川が美しかった。

見るだけで涼しくなるような透明感のある流れ。浮かんだ落ち葉の影が水底に映っている。すぐそばに県道が走り、大きなトラックも通り過ぎていくというのに、こんな透明でいいのだろうか。

東京にいて、鮎喰川なんて名前は一度も聞いたことがなかった。その聞いたことない川がこの美しさ。東京の街なかにこんな川があれば、それはもう大騒ぎで、高尾山《たかおさん》のミシュラン三ツ星どころの騒ぎではないだろう。それなのに四国にあってはこんな川はとくに珍しくもないのか、誰も騒いでない。

途中小さな板橋があり、そのたもとで河原に降りることができた。足を浸そうとして、マメに気づき、泣く泣く断念する。マメがなければ、しばらくここで足を浸して、おにぎり休憩でもしていたことだろう。

鮎喰川に見とれながら歩いているうちに、思いのほか早く十三番大日寺にたどり着き、これなら今日は十七番より先まで行けるのではないかと思った。朝の段階で今日の目標は、十七番井戸《いど》寺《じ》まで打つことだった。だが、明日は、徳島の市街地を歩く長丁場であり、今日のうちに市街地の向こう側にある十八番恩山寺《おんざんじ》に少しでも近づいておけば、明日、十八、十九と楽に駒を進めることができる。いっそ今夜は徳島駅あたりまで行って泊まってやろうと考えた。

私は、十四番常楽寺《じょうらくじ》、十五番国分寺《こくぶんじ》、十六番観音寺《かんおんじ》、十七番井戸寺と立て続けにクリアし、さらに徳島駅目指して歩いていった。

そのうちに今まででもっとも交通量の多い国道55号に出て、朝の山道から比べると、どんどんつまらなくなってきた――いや、それどころかこの五日間でもっともつまらない都会の道を、痛みをこらえながら、ひたすら前進した。

全然真面目なお遍路ではないつもりなのに、お遍路を始めると、こんなふうに、つい少しでも距離を稼ごうとか、明日楽をするために今日苦しんでおこうなどと考えてしまうのは、何の呪縛であろうか。呪縛というより、あるいはランナーズ・ハイみたいな、お遍路ハイとでも言うべきアドレナリン現象か。

山道や田舎《いなか》の道は、道もたいてい曲がりくねって、眺めも徐々に変化していくが、国道は一直線に市街地の中を突き抜けていて、何台も先の信号が見える。あのずっと向こうの信号まで行くのかと思うと、うんざりした。

私はトラックの排気ガスを浴びに四国に来たわけではないのだ。田舎道ならいざ知らず、こんな都会の車道は、バスにでも乗って、すっ飛ばしてやりたい気がする。

そもそも全部歩くことにこだわる必要があるのか。べつに修行したいわけじゃないし、信仰心もないし、人生を見つめ直したいわけでもない。気持ちのいい道をいっぱい歩きたいと思っただけだ。だったら面白いところだけかいつまんで歩けばいいのではないか。と、だんだんやる気がなくなってスピードダウンしてきたところへ、自転車ですれ違ったおばさんが、不意に自転車を止めて私のもとへ駆け戻り、「これ持っていって」とパンをくれた。さらに「これで何か飲み物でも買いなさい」と500円玉までくれたのである。

なんて親切な人なんだ。

礼を言い、納め札を渡して、私はまたスタスタ歩き出す。

さすがに、おばさんが見えなくなるまでは、バスに乗る気など起こらなかった。パンをもらっておいて、即バスというわけにはいかない。

それに私自身、もうバスには乗れない体になっている気もする。国道歩きは嫌だが、今さら交通機関を使うのも悔しいという気持ちがある。せっかく〝へんろころがし〟を乗り越えてここまで歩いてきたものを、今になって交通機関を利用しては、すべてが台無しというような、そういう意固地な意識が芽生えてきたのだ。

もちろん、そんなこだわりは、傍目《はため》にはどっちだってよさそうな話だ。しかし、本人には案外気になるのも事実である。こんなことなら、もっと早く交通機関を利用して、なんでもありの自由闊達《かったつ》な精神を手に入れておけばよかったのかもしれない。昨夜の宿で出会った青年は、焼山寺からの下りはバスにしますと、こともなげに語っていた。そこには何の屈託もなく、歩くも歩かないも自由自在という感じがあった。せっかくここまで歩いたんだから、というような執着がまるでないのだ。

それに比べると、一切交通機関を利用せずに歩き続けるのは、タフだからではなく、惰性のなせる業と言える。むしろあの青年のほうこそ、真にタフな精神を持つ者ではないか。きっと真にタフな精神を持つ彼ならば、もらった500円でさっさとバスに乗るだろう。そして啞然《あぜん》とするおばちゃんに、笑顔でバスの窓から手を振ったことだろう。

これを人生全般に敷衍《ふえん》するなら、何事も最後までやり抜くよりも、途中でサボるほうが難しく、ステージの高い行為だということがわかる。なぜなら、やり抜くのは惰性であって、サボるのは決断だからだ。私はいつも仕事をサボってばかりいるが、それは私が常に決断に次ぐ決断を行っているからこそ成し遂げられる、高邁《こうまい》な行為だということである。

そういうことをいろいろ考えて歩いている私の横を、バスが追い抜いていく。いつしか自分でも、本心ではバスに乗りたいのか乗りたくないのか、さっぱりわからなくなっていた。

結局、私はその後も歩き通して、徳島駅に到着した。

今日の行程は30キロを超え、当初予定していた以上の大躍進である。自分が一日に30キロも歩くとは思わなかった。私は、大いなる満足とともにバス停へ行って、一時間後に出る神戸行きのバスチケットを購入した。

おや？　明日十九番まで歩くんじゃなかったのか。ガイドブックによると、十七番まで歩いたところで脱落する人が多いとあるが、お前もその口か、と思った人は悔い改めよ。

今言ったことをもう忘れたのであろうか。ここでバスに乗るのは、ステージの高い行為なのである。十九番まで歩こうと思えば歩けるのに、徳島駅でやめておく。これこそ真の決断というやつなのだ。

それに私の今回の予定は、もともとこのへんまでだった。細かくは話さなかったが、今回の旅では、全行程を歩く時間はないので、ひとまず〝だいたい十七番から十九番あたりできりのいいところ〟まで歩くのが目標だった。

そして、おお、今徳島駅。すごくきりがいい。

十九番立江寺《たつえじ》といえば、阿波の関所寺と呼ばれ、心の邪悪な人はそこから先には進めないと言われた四国遍路における最初の区切りとなる寺だ。だから東京を出るときは、立江寺がちょうど今回のゴールにふさわしいと考えていた。が、今思えば、そんなのはあくまでこじつけである。タフな精神を持ちたいと願う者は、こじつけから自由でなければならない。

私は駅前の銭湯でひと風呂浴びて、さっさと神戸行きの高速バスに乗り込んだ。

五日目　鍋岩～徳島駅　歩行距離31・4キロ

2章
徳島駅から、土佐一宮駅まで

エイと、最悪の道

半年が過ぎた。

その間に、この四国遍路の顚末《てんまつ》を連載することが決まった。

前回は、四国を一周したい、八十八ヶ所全部歩いてみたいと思いついたその勢いで、一番札所《ふだしょ》霊山寺《りょうぜんじ》から十七番札所井戸寺《いどじ》を経て徳島駅まで一気に歩いたのだった。四国遍路総距離1200キロはたしかに長いが、それは絶対全部歩かなければならないと思うからそう感じるので、べつに最後まで歩こうが歩くまいが知ったこっちゃない朝令暮改脱落歓迎プップップーと思っていれば、そんなのちっともきつくないと考えていた。

それがこのたび、本当に最後まで行かなければならないことになった。連載する以上は、途中で投げ出すことは許されない。そこで、あらためて地図を広げて見てみたところ、思わぬ事実に気がついた。

どえりゃあ長すぎるんじゃないのか四国遍路！

前回私が歩いた一番から十七番は、札所の数でこそ全体の88分の17だが、四国全体図に占める割合は、顔の中で眉毛が占めるぐらいの割合でしかない。なくてもなんとかなるぐらいの存在だ。にもかかわらず、マメは出来たし、ずいぶん足が痛かった。眉毛だけでそうだとすると、一周したら、いったいどういうことになるのか。

唯一心の支えになる点は、すでに私が四国遍路最大の難所である焼山寺《しょうさんじ》の〝へんろころがし〟をクリア済みだということだ。この先あれよりしんどい場所はないと思えば、少しは気持ちも落ち着く。

だが悪い予感がして、私はこれから歩く距離とその標高を折れ線グラフにしてみた。横軸に一番札所からの距離をとり、縦軸には標高をとる。

するとたしかに、焼山寺の〝へんろころがし〟は大きくグラフが立ち上がってしんどそうであったが、何の冗談であろうか、この先それ以上にしんどそうなグラフの盛り上がりがいくつも見られたのである。

たとえば、さっそく二十番、二十一番あたりで一気にふた山越える場所があるし、中盤以降は山また山のオンパレードである。そもそも遍路中もっとも標高が高い場所は六十六番の雲辺寺《うんぺんじ》であって、９２１メートルもある。焼山寺よりずっと高い。話が違うのではないか。焼山寺が四国遍路最大の難所だなんて、無責任なことを言ったのはいったい誰だ。

と義憤にかられていたところ、編集のＨさんから、連載タイトルを決めてください、と催促があった。

そうだな、ぐだぐだ言ってる場合ではない。何であれやる以上は、ど～んと力強くいきたいところだ。そこで、思案の結果、次のようなタイトルでいくことにした。

だいたい四国八十八ヶ所――。

素晴らしい！　なんて力強いタイトルなんだ。

なぜだいたいなのか、全部行かなくてもいいよう、今から逃げを打ってるんじゃないか、と勘違いするむきもあろうが、それは誤解である。この〝だいたい〟には、細かいことにとらわれず、大きな気持ちでのびのびと未来に向かって歩いていってほしいという、子供たちへの切なる願いがこめられているのだ。

とにかくまあ、そんなわけで、二回目の四国遍路に行くことにする。

新たな靴を購入し、さらに前回の教訓を活《い》かして、マメが出来ないよう厚手の靴下も用意した。なるべく荷物を軽くするため、数珠《じゅず》とか白衣《びゃくえ》とかそういうものは全部置いていくことにし、文庫本も割愛、ガイドブックはそこだけコピーしたほか、着替えもたった一着に絞り込むなどして全体で重さ9キロまで切り詰め、ザックひとつで徳島へ向かった。そうして新幹線とバスを乗り継いで徳島駅に到着すると、そのまま駅前のビジネスホテルにチェックインした。

半年ぶりの徳島。懐かしいかと思ったが、とくにそうでもない。むしろこれからのこいるとで頭がいっぱいだ。明日からの行程をああだこうだ考えながらベッドに横になっていると、突然テレビに、エイが現れた。

徳島市を流れる新町川《しんまちがわ》の河口から2キロ上流のところに、アカエイの大群がやってきたと、地元ニュースが報じていた。アカエイは海の生き物だから、川を遡るのは奇妙だが、潮がそこまで入っているのだろう。テレビには、堤防の下で、相手の上に蓋みたいにかぶさったり、相手にかぶさられたりして、むやみに重なり合うエイの群れが映し出されている。上にかぶさられたエイは、ヒワヒワヒワと痙攣《けいれん》するように泳いで移動し、別のエイの上に乗る。するとまたその下敷きになったエイがヒワヒワヒワと移動して別のエイの上に……、以下繰り返し。

そして、何だか知らんが、いきなり目に飛び込んできたその映像のマヌケな味わいに、私は心うたれてしまったのである。

ああ、エイも他のエイに上から乗られたら嫌なんだなあ。

実は私は、水族館の中でもとりわけエイを見るのが好きなのだ。あの、まっとうな生き物とは到底思えぬ、団扇《うちわ》のような帽子のようなホットケーキのような変なカタチ。海底にぺったりと張りついて、いかにも狡猾《こうかつ》なことを考えてそうな目。裏返したときのソフビ人形のような質感。どれをとっても、感情移入できない味わいが秀逸である。

翌朝私は、エイ見たさに、新町川河口目指して歩いていた。

たしか河口から2キロ上流と言っていたはずだ。しかしどこまで行ってもエイは見られず、ついにあきらめたとき、私は、へんろ道からすっかりはずれ、何だか知らん大きな橋の下にいる自分に気づいて、おおいに困惑したのだった。

さて、今回の最初の難関は、前回に引き続いての徳島市街地を走る国道55号だ。長い距離を車の騒音とともに歩き、十八番恩山寺《おんざんじ》手前でようやくへんろ道が国道から離れてほっとしたのだが、次の十九番立江寺《たつえじ》を打って、二十番鶴林寺《かくりんじ》への登山口へ向かって歩き出すと、道は国道55号よりさらにひどくなった。

片側一車線の狭い県道で、交通量が多いのに、歩道がない。しかも曲がりくねって見通しも悪いのだ。そんな区間が、4、5キロも続いただろうか。ここは、これまで歩いてきた中で、最悪の道と言ってよかった。

あっち。それか、こっち

こういう悪路をいったいどう歩いたものか、歩き遍路としては実に悩む。

一般に、歩道のない道路は右側を歩け、と言われる。車と正対して歩くことで、自分に接近してくる車を常に見ることができるからだ。そうすれば、異常な走り方をしている車があれば、これを避けることができる。

左側を歩くと、背後から接近されることに

なって、何かあっても対処できない。したがって常に右を歩いていればいいかというと、話はそう簡単ではない。

たとえば、実際に歩いてみると、左側のほうが路肩に余裕がある場合がある。その場合、右と左、轢《ひ》かれるリスクはどちらが少ないだろう。道路の状況は千差万別だから、一概には答えられない問題であることが、これだけでもわかる。

とくに難しいのはカーブだ。カーブの内側と外側、どちらが危険なのか。

山や建物で先が見通せないカーブの場合、内側を歩くのは、かなり勇気がいる。近づいてくる車が見えないだけでなく、運転手からも自分が見えないからだ。見えなくても車は音がするから、まだこちらは感じることができるが、運転手は直前までこちらの存在に気づかないだろう。それに運転手は見通しの悪いカーブでは対向車を気にしているから、場合によっては轢いてみてやっと歩行者に気づくということもあるのではないか。

一方、外側と言えど安心できない。たしかに外側なら遠くから相手を発見しやすいけれども、スピードを出しすぎている車や、思った以上にカーブがきつかったりした場合、車の進路が大きく外にふくらんで、わかっていてもむざむざ轢かれてしまうということはないか。

カーブの外側を歩いていて、トラックが正面から向かってくると、当然このあとハンドルを切ってカーブを曲がるとわかっていても緊張する。思わずトラックが突っ込んできた場合に備えて、横っ飛びできるよう、片足に体重を寄せてたりする。イメージでは、道の脇にくるんと転がって、間一髪ぎりぎりセーフといったジャッキー・チェンみたいな映像が浮かんでいるのだが、実際は、歩き疲れてへとへとだから、横っ飛びしたつもりが飛ばず、その場でただ横向きに轢かれるだけかと思われる。それでも正面から車が来るたびに、横っ飛びイメージを頭に描かずにはいられない。

ああ、車道なんて、もううんざりだ。早く鶴林寺への山道を登りたい。

難問はしかし、歩道のない道だけではなかった。

いったいどうしたわけなのだろう。靴を新しく購入し、靴下は厚手のものを二枚も履いて、万全の態勢でやってきたというのに、早くも小さなマメが発生し、それがあっという間に成長して、左足小指がゴム風船みたいになっているのである。

またマメかいな。

どうにも腹が立って腹が立って仕方がない。前回といい、今回といい、マメが出来すぎではないか。いったいどうすればよかったというのだ。

おかげでようやく鶴林寺への登山口にある一軒宿にたどり着いたときには、もう三日歩き通したみたいに、疲れ切っていた。

宿で出会った三十代ぐらいの歩き遍路の男性に、

「どうしました？　顔色悪いですよ」

と言われ、鏡で見ると、青白いような土気色のような、アカエイみたいな色のおっさんが映っていた。

六日目　徳島駅〜鶴林寺登山口　歩行距離23・7キロ＋2キロぐらい

登って下りて登って下りる

二十番札所鶴林寺は、標高約５００メートル。

５００メートルの山登りは、今の私にはさほど苦痛ではない。ぽちぽち歩いていれば、そのうちたいした苦労もなく着くだろう高さだ。しかしその先、せっかく５００メートルまで登ったものを、いったん標高30メートルまで下り、その後あらためてまた５００メートル登る（二十一番札所太龍寺《たいりゅうじ》は標高約５２０メートル）というのは、いったい何の嫌がらせであろう。本当は１０００メートルの山だったんだけど、ふたつに分けて油断させようという魂胆か。

四国遍路第二の〝へんろころがし〟、鶴林寺・太龍寺の二連続登山とは、いったいそういう場所だ。焼山寺の〝へんろころがし〟も、一度７５０メートル登ったあと４００まで下り、またふたたび７００まで登ったから、合計１０５０メートル登ったことになって、似たようなものだったが、今回は完全に平地まで下るので、ええっ、もう一回？という徒労感というか、その無駄足感が、残念である。せっかく働いて貯めた５００万円を、パチンコか何かですっかりすってしまい、もう一度貯めなければならなくなったみたいな、そんな行程ではないか。同じような高さなのだから、鶴林寺から太龍寺まで橋でも架けたらどうなんだと思う。

しかし、文句ばっかり言ってると、弘法大師《こうぼうだいし》が出てきてどつかれそうなので、出発する。

空には雲が多いものの、時おり薄日も差して、悪くない日和《ひより》だ。何より今日は昨日とちがい、自然の中を歩くので、その点はありがたい。〝へんろころがし〟でも何でも、歩道もないのにやたらと交通量が多い道よりはましだ。

一軒宿を出ると、昨夜少しだけ言葉を交わした三十代ぐらいの歩き遍路の男性と一緒になった。

男性は全身白ずくめの完全なお遍路装束で、靴まで白でまとめている。今日は二十二番まで行くそうだ。二十二番札所平等寺《びょうどうじ》は、ふた山越えて後、さらに小さな峠をひとつ越えた先である。私も目標は二十二番なので、心強く思った。

男性はお遍路は二度目だそうで、この時季は蛇がいないからいい、というようなことを言った。

「蛇が出ますか」

「じめじめした時季は、よく出ますよ」

「マムシですか？」

「ええ、マムシ多いですね」

ゲゲ。

「マムシかどうか、見てわかりますか」

「そうですね。黄色くて、ちょっと太めで、頭が三角ですからすぐわかります」

「会いたくないなあ」

「おかしなもんで、湿気のある時季ってね、歩いてるとなんでも蛇に見えるんですよ」

「木の枝とか？」

「そう。根っこでも何でもね。でも、慣れてくると、蛇の居場所って前もってわかるようになります」

「はあ」

「なんとなく、匂いでわかるんです」

「そうなんですか。どんな匂いなんです？」

「いやあな匂いです。その匂いがすると、あのへんにおるなあ、ってわかるんです」

んんん、そういうものなのか。いったいどんな匂いなのか、嗅いでみたい気もした。

その全身真っ白な人と前になったり後になったりしながら、みかん畑の間を縫って高度を稼いでいく。ふり返ると、盆地に明るい日が差しはじめていて、この分なら今日はだんだん晴れてきそうだった。

白ずくめの人は、マムシのあと、四国のミミズがいかにでかいかという話もしてくれた。あんまりでかくて珍しいのでうっかり触ってしまい、その後小便をしたら、ちんちんが腫れて難儀したそうだ。そういうことなら、マムシより怖い。ミミズは要注意である。

やがて階段のような山道に取り付く。鶴林寺の登山道はのっけから急である。階段状の道は一見きついようでも、一気に標高を稼ぐことができるので私は好きだ。昔から階段を見ると駆け上がりたくなる癖があって、金毘羅《こんぴら》さんの1000段以上あるあの恐るべき階段も、わりと苦もなく登り切った。みんなそうなのかと思ったら、案外そうでもないようで、どうやらこれは私の特技であるらしい。四国遍路においても、十番札所の切幡寺《きりはたじ》に333段の階段があったが、登った記憶もないぐらいだ。今回も、白ずくめの人に「歩くの速いですね、どうぞお先に」と言われて大いに悦に入った。

せっかくの機会なので、増長ついでに、ここで読者に階段登りのコツを伝授したい。階段登りのコツは、上体を前に傾けないことである。背筋を伸ばし、体重を垂直に腰にのせて、下半身だけでスタスタ登る。これが前傾すると胸が苦しくなって、持久走のような心肺機能勝負になってしまうのだ。手すりを持ったり、杖《つえ》を突いてそれをあてにするのももってのほかで、杖を突けば前傾姿勢にならないようでも、実際は前傾しており、そうなると肺で補おうとして、やはり持久走になってしまう。そうではなくて、大仰な呼吸をやめて太腿《ふともも》の筋力でスタタタタと登り、足が疲れたら休む。こうすると疲れるのは足だけで、心臓や肺に過度の負担がかからないのである。足はもちろん非常に疲れるけれども、どうせ足は疲れるのだから、心肺がきつくない分、得という計算が成り立つ。この発明がスポーツ生理学的に正しいかどうか、そんなことは知らない。だが、私は、いつもその方法で乗り切ってきた。

そんなわけでスタタタ鶴林寺、ほんの一時間で登頂した。

例によって、ろうそくも線香もなく、お経をあげるだけのエコノミータイプのお参りをしたあと、すぐ山を下る。もうひと山あると思うと、ここでゆっくりしてはいられない。一気に山道を駆け下ると、案の定、標高を湯水のように浪費している感じが、残念だった。気持ちが急《せ》いているから、景色もゆっくり味わえない。

無念なり無念なりと思いながら、那賀川《なかがわ》に出て、橋を渡る。ここが標高約30メートルであって、ふたつの山の中間点である。ということは、500メートルの山をひとつ越えたということだ。

那賀川が美しかった。広い河原《かわら》があって、道路には交通量が少なく、緑も濃くていいところだ。山の木々がぽつぽつ紅葉していて、風景が柔らかい。この先また500メートル登るのでなかったら、ぜひ河原に降りて、のんびりしたかったところだが、写真を撮っただけで先へ進む。

ふたたび階段状の山道に取り付き、じわじわ登った。ようやく太龍寺の山門が見えて気持ちに余裕が出てきたあたりで、道路を登ってきた自転車の人に出会う。この人には、実はさっきの鶴林寺でも会っていた。

「おや、速いですね」

と思わず声をかけた。けれど、私と、自転車で車道を来たその人と、いったいどっちが速いのか、よくわからない。車道は遠回りだし、山道を自転車で登るのはきつかろう。最後のほうは手で押して登ることになって、そうなると歩きより遅くなる。しかし下りや平坦な場所は、格段に速いから、500メートルの山を下りて登って同時着というのは、どっちを速いとするべきか。自転車の人は、週末遍路で、今日中に二十三番の薬王《やくおう》寺《じ》まで行きたいのだと言った。

ようやく太龍寺に着き、じっくり休みをとる。

ここまで来ればもう大丈夫。後はおおむね下りで、最後に小さな峠を越えるだけだ。第二の〝へんろころがし〟鶴林寺・太龍寺のふた山越えは、案外苦労なくクリアできそうだった。そして、出発前に作った全行程の折れ線グラフによれば、この先しばらく、これほどの山道はない。ここを越えれば、私の四国遍路は、ほぼ軌道に乗ったとみていいだろう。

私はやっと落ち着いた気持ちになって、景色を眺めた。

太龍寺は西の高野山《こうやさん》というだけあって、境内が広かった。よく整備されていて、まるでそこらじゅう庭園のようだ。大きなロープウェイの駅があり、お遍路さんがわわわっと登ってきたり、わわわっと下っていったりする。その、わわわっを見ながら、昼飯のおにぎりやパンを頬ばった。

しかし安心するのはまだ早かったようだ。その後山を下り、小さな峠を越えてたどり着いた二十二番の一軒宿で、白ずくめの人に再会すると、彼はこう言ったのである。

「いえいえ。きついのは、これからですよ。室戸岬《むろとみさき》、かなり遠いですから」

そうだ。室戸岬があった。

たしか前回、二十三番まで歩いたものの、その先怖くなってレンタカーに切り替えたという男性がいた。その男性が怖くなったのが、まさに室戸岬への道だった。なにしろ食堂や売店どころか自動販売機すらない区間が延々と続くという。海沿いで日よけになる場所もほとんどないから、夏に歩いたりすると地獄と化すらしい。

後に聞いたところによれば、ここまでのふたつの〝へんろころがし〟と、この室戸岬への無補給ロードで、歩き遍路の7割が挫折するのだそうだ。ふたつの〝へんろころがし〟はさほど苦労もなく越えた私だが、レンタカーの男性だって、〝へんろころがし〟までは越えたのである。それが室戸岬への道で挫折した。

歩いても歩いても近づいてこない室戸岬。

70キロ以上続くという、その単調さが怖い。

そういう場所こそ、バスに乗ろうではないか、という内なる声がする。

と同時に、ここまで歩いてきたのだから最後まで歩け、という声もする。

みんなが挫折する場所でまんまと挫折したくないので、あらかじめこの近辺でバスに乗っておけばいい、というダンディーな声もあった。

七日目　鶴林寺登山口～二十二番平等寺　歩行距離22・9キロ

「おれじゃないよー」と弘法大師

初めて海が見えたのは、由岐《ゆき》の町を過ぎた直後だった。

この日は朝から小雨がぱらつき、私はポンチョを着て、つまらない車道を淡々と歩いていたのである。下り坂にさしかかると、正面に山が見えた。その山の前景に民宿の建物があり、なんでもない景色かと思われたが、よおく見ると、その民宿の裏手にえぐれ込むようにして、ビーチがあった。

おおおおお、海じゃないか！

四国は島だから、四国遍路といえば始終海だらけだろうと思ったら大間違いで、一番札所霊山寺を出て、海に出会うのは、このときが初めてである。

それまでの雨でしょぼくれた気分が一新。思わず、波打ち際に駆け寄って、おっさんなのに波と戯れそうになった私だ。

太平洋おおおお！

まあ、太平洋だから何だってことはないんだが、水平線を見るだけで、心広がるよう

である。

思えば、ここまで私はアスファルト道が嫌だの、マメが痛いだの、文句ばかり言ってきた。しかしそんなのは小さいことだ。海に出てしまえばこっちのものという気がする。ここからはおおむね海に沿って四国の南岸を歩いていくのだった。もちろんそこには室戸岬への恐るべき無補給ロードも含まれているのだが、それでもずっと海が見えているならば、苦しくとも楽しかろう。

せっかくなので〝海にいる私〟を噛《か》みしめるべく、ゆっくりゆっくりビーチを歩いていると、堤防の上から年配の女性に声をかけられた。お接待するから、あがってこないか、という。行ってみると道端の休憩所に、数人の女性が飲み物などを用意して待っていた。さっそくコーヒーとうどんをご馳走《ちそう》になる。ちょうど腹が減っていたところであり、大変ありがたい。うどんはうまいし、目の前は海だし、言うことなしだ。

「ここは夏になると、海水浴客でいっぱいになるんよ」

「臨時列車も停《と》まるんよ」

おばさんたちがそんな話をしてくれる。

雨もだんだん止《や》んできた。

ああ、なんて楽しいんだろう。

それにしても、と私は思う。これまでにも何度かお接待を受けたけれども、地元の人たちはわざわざこうして準備をして、飲食物を提供して、具体的な見返りは何もないのである。それでもお接待をしようという、その親切心に頭が下がる。

それにひき比べ、こうしてタダで飲み食いさせてもらっている私はいったい何様なのか。私はまるで信仰心のないエセお遍路であり、私に善行を施しても、何の功徳もない。お接待する人たちは、べつに功徳を得るためにやってるわけでもなかろうが、相手が喜ぶことがうれしい、という純粋な気持ちが私にはもったいなく、尻がむずむずした。

四国の歩き遍路人気の最大の理由は、この地元の人たちによるお接待文化に間違いない。歩くほうも何がしてほしいというわけではなく、こうして受け入れられているという実感がうれしいのである。

前回焼山寺を一緒に登った年配の男性が、お接待というのは、究極は埋葬のことなんです、と言っていたのを思い出す。

「昔は行き倒れた人はその地元のやり方で埋葬した。それでいいです、郷里への連絡もいりませんという意味の『捨』と書かれた通行手形を持っていた。そういう人のへんろ墓がありますよ。一年で二十二人亡くなった年もある。そこまで地元の人に迷惑かけて化けて出ることは許されない。だから、へんろ道でお墓に出会ってもちっとも怖がることはありません」

何のお礼もできない私は、ここはひとつ気の利いたセリフでおばさんたちをどっと笑わせてみたい気がしたけれど、何もネタを思いつかないし、無理をするとかえってすべるので、お礼だけ言って出発することにした。

雨も完全に上がり、時おり薄日が差す中、海沿いの道を歩いていく。車道をはずれ、山座峠《さんざとうげ》の峠道へ踏み込むと、これまでの山道とちがい、南国の匂いがした。羊歯《しだ》や苔《こけ》の多い湿気を含んだ森が、常夏の島のような空気をまつわりつかせてくる。木漏れ日に光る苔が美しい。背後で、どどん、どどん、と叩《たた》きつけるような波音が響いていた。ああ、この旅の感触。ここまで歩いてきた中で、ここは一番素晴らしい道ではないかと、そんなことを考えた。

半島の付け根を越え、浸蝕《しんしょく》によってできたえびす洞という大きなアーチを過ぎると、美しい砂浜が見えた。ボディボードを抱えた子供が、波に向かって駆け込みながら、引き波にボードを叩きつけ、そのままそれに飛び乗ってスーッと海面を滑っていく。ボードは、叩きつけられた瞬間かすかに反射することも、風でめくれあがることもなく、最初から波の一部だったとでもいうかのように、海へ運ばれる。その波にぺたっと吸いつくような、ボードの振る舞いに興味を覚えて、しばらく眺めていた。薄い板なのに子供ひとりを乗せるに足る力強さを持っていることも、不自然で機械っぽく、目が離せない。

ああ、海はいいなあ。

ところで、不意に思ったのだが、なぜ婆《ばあ》さんという字には、波が入っているのか。かつて波乗りは婆さんのスポーツだったのか。

砂浜沿いに海がめの水族館があり、「日和佐《ひわさ》うみがめ博物館カレッタ」と看板が出ている。時間もあるので、入ってみた。

このあたりの海岸は、海がめが産卵にやってくることで有名らしい。展示によれば、平成二年には220匹が上陸したが、十八年は2匹だけ、十九年は20匹と、何の影響か近年は減少している。昨今は、何につけ、そうやって自然が衰退していくようなご時世で、そんな話をされてももはや驚きはしないが、逆に平成になっても220匹も来ていたことに驚いた。まるで自然はついこの間まで大丈夫だったとでも言うようだ。そっちのほうが信じられない。

さらに、一連の展示の中で興味深く思ったのは、砂の中で卵から孵《かえ》った海がめの子供たちは、意図的に地上を目指して砂の中を登っていくわけではなく、とにかく無茶苦茶に暴れているうちに、空洞が崩れていって、全体が自然にエレベーターのように上昇していくという話だった。その際、体力のない子供は空洞の上昇についていけず、砂の中に取り残されてしまうのだという。シビアに自然淘汰《とうた》されていくわけである。

だから何々だと教訓を引き出したいのではない。砂の中を上昇していく空洞と、取り残されて人知れず埋まっていく海がめの子供という非情な現実が、頭の中に強いインパクトを持って残ったということである。

二十三番札所薬王寺を打った翌日は、しばらく内陸の道。秋田から来たという定年退職後の夫婦と抜きつ抜かれつしながら、牟岐《むぎ》の町でまた海に出る。その先は鯖大師《さばだいし》で、ここは今回四国にやってくる前から気になっていた。

八坂山《やさかさん》八坂寺《やさかじ》＝通称鯖大師は、四国遍路に二十ヶ所ある番外霊場のひとつである。それら番外を含めて回れば八十八が百八になり、ますますグレードアップした巡礼となるようだが、その多くはへんろ道からはずれた山奥などにあって、気軽に参拝することができない。そんななか鯖大師はへんろ道の途上にある訪れやすい札所だ。

Sava?

だが、参拝してみようと思ったのは、番外霊場だったからではなく、鯖大師というネーミングに惹《ひ》かれたせいだ。ショッカーの怪人の匂いがする。地獄大使とかカニ元帥とか、その仲間だろう。訪れてみると、鯖を手にぶらさげた大師像があって、魚籃観音《ぎょらんかんのん》のようにうやうやしく魚を抱くわけでなく、どう見てもこれから持ち帰って食べる風情であった。うっかりするとその可笑《おか》しさを見逃してしまうけれども、よくよく見ていると、やっぱり変な感じだ。太子堂の前に鯖の石像があるのも愉快である。

そして何より面白く感じたのは、この鯖大師、実はもともとは弘法大師ではなく、行基《ぎょうき》によって開かれた霊場だということである。

八坂八浜で行基が鯖を運ぶ馬方に「一匹くれ」と頼んだが、くれなかったので、「大坂や八坂坂中鯖ひとつ行基にくれで馬の腹病む」と詠んだところ、馬が動けなくなった。慌てた馬方が行基に鯖を渡すと馬はふたたび歩き出した。

行基の超人的な能力を称《たた》えるような、せこさを告発するような、どっちともとれるエピソードだ。というか7対3で、せこさが際立っている。その行基がいつの間にか弘法大師になって、まったく身に覚えのない弘法大師が鯖持って立たされているのだった。弘法大師もさぞかし「おれじゃないよー」と言いたいことだろう。

それだけではない。鯖というのも実は嘘《うそ》で、本来は生飯《さば》であったと、仏教民俗学者五《ご》来重《らいしげる》の『四国遍路の寺』（角川書店）という本に書いてあった。

このように本来は行基であったものが弘法大師の仕業として信仰され、なおかつ生飯が鯖にすりかわってしまった事実までもが一般に知られているということは、つまりそんなことはどうだっていいとみな思っているということだ。それどころか、行基の開山であるという話すら、本当かどうか、五来重はそれも怪しいとしている。すなわち縁起話ほど信用できないものはないのであって、そうだとすれば、霊場なんて、結局何だっていいのである。

それが壮大なフィクションであるという事実をみなわかっていて、それでも巡る四国遍路。その開き直りや、あっぱれ。このことから、つまりは私のようなエセ遍路でも、大手を振って、行ったれ行ったれ、という計算が成り立つと思ったのだった。

八日目　二十二番平等寺〜二十三番薬王寺　歩行距離22・4キロ
九日目　二十三番薬王寺〜海部《かいふ》　歩行距離28・0キロ

室戸岬無補給ロード（前編）

四国東岸の室戸岬へ続く国道55号は、四国遍路前半のクライマックスと言ってもいい道だ。最初の〝へんろころがし〟焼山寺への山道も、鶴林寺から太龍寺にかけてのふた山越えも、考えてみればただの登山である。自動販売機すらないと言われるこの長丁場こそ、お遍路ならではの難関ルートと言える。

昨日、二十三番薬王寺を出立してすぐのところで、室戸まで81キロと表示されたキロポストを見た。そこから海部まで歩いてきたので、すでに60キロを切っているはずだが、この先宍喰《ししくい》を越えて阿佐《あさ》海岸鉄道の終点甲浦《かんのうら》を過ぎると、いよいよ無補給ロードに入る。

海部の宿で昼食用におにぎりをもらい、さらに昨日のうちにコンビニでブドウパンとクリームパンを買っておいたのと、ペットボトルも二本用意して、まだ夜の明け切らぬ六時過ぎに出発した。

実はこの時点で、もう足のマメはかなりひどい状態になっていた。歩きはじめから痛

かった。両足の親指以外のすべての指にマメがある。痛がって変な歩き方をすると、他にもマメが出来たり筋肉を痛めたりするので、痛みを踏み潰すようにして歩いていく。

那佐湾《なさわん》沿いで室戸まで52キロのキロポストを発見し、案外来ているもんだなと思う。そうやって歩くうちに、太陽が昇り、それを真正面から受け止めた山々が、オレンジ色に照り映えた。

おお、私は今、室戸岬への道を歩いている。

朝の透明な空気に身が引き締まるようだ。初めて来る場所なのに、懐かしい。立ち止まって、その不思議に思いを馳《は》せた。自分が今ここにいる不思議。地球生物30億年進化の不思議と、その中で人類が生まれ、日本が生まれて、数々の偶然が重なり合ったその結果として、今自分が四国の国道55号を歩いているというその不思議。どこにいようと、今その場所にいるということは、奇跡的なことなのだ。

一方で、そんな大袈裟《おおげさ》なことと考えてどうする、という思いと、しかしやっぱりそれは凄《すご》い偶然なのだという思いが交錯して、やがてわけがわからなくなった。

宍喰を越えて高知県に入る頃には、すっかり夜も明けた。

そうして脱サラ青年が怖くなって歩き遍路を断念したという甲浦の町に到着。私はその話を聞いたとき、甲浦から先へどこまでも延びていく荒涼とした道を想像して、その非情な景色を眺めることをむしろ楽しみにさえしていたのだが、甲浦に着いてもまだ室戸岬は見えなかった。はるかな室戸岬を遠望し、あそこまで歩くのだといったん眺めてみないことには、けじめがつかない。室戸岬、室戸岬と思いながら歩いていった。

甲浦を過ぎると、国道の車通りも減り、民家もぐっと少なくなったようであった。建物が減った分、陸地が広々とし、かつて見たチベットの景色を思い出す。

昔よく、辺鄙《へんぴ》な土地のことを日本のチベットなどと言ったが、あれはチベットが世界的に辺鄙な場所にあるというだけでなく、どうやら辺鄙な土地には、場所によって実際にチベットと似たような感触があるものらしい。

そんなことを思ったのは、この東洋町《とうようちょう》の広々とした土地に、チベットの風合いをたしかに感じたからである。

なぜこんな場所でチベットなのか、理由をつらつら考えてみる。

ここもチベットも、自然が人間を凌駕《りょうが》している風景が共通している。人がポツポツと住んで、広いなかにもかすかなぬくもりが感じられるその感じも似ている。

しかし、そんな場所ならいくらでもあるだろう。もっとも重要なのは日の光ではないかという気がした。きっぱりと明るく、雲ひとつない空であっても、どこか翳《かげ》りのある光。それが世界全体をあまねく照らして、それで全部なのだという完結感。そこが世界の中心ではないにしても、そこにいればすべてが充足するような、充足しすぎて世の裏側まで見透かせるような、寂しく、しかし、満ち足りた場所。この寂しさと充足を同時に感じさせる日の光こそが、チベット的風景の特徴ではあるまいか。

東洋大師という小さなお寺があり、荷を下ろし休んでいると住職に声をかけられたの

なぜかチベットの面影を見た東洋大師

で、ここはチベットの感じがしますね、と言ってみた。

「わかる？」

　間髪容れずそう返されて、面食らった。

「浄化してるからね」

「浄化？」

「そう。ここは前は悪い気が溜《た》まってたんだよ。それを私が浄化したんだ。でも、チベットと言われたのは初めてだな。ふむ、チベットねえ」

　そうか、住職もべつにチベット感を自覚していたわけではないようだ。

　この住職は気さくな人で、

「私がここに来て、もう九年になるかな。はじめ三、四年は掃除したり、木を切ったりしてね。この庭ももともとは鬱蒼《うっそう》としてたんだよ。裏の崖もずっとこんもり茂ってたのを私が切ったんだ」

「浄化というのは、掃除のことですか」

「そうだね。ゴキブリも汚いところに寄ってくるだろう。あれと同じだよ。昔は本堂に革の財布置いておくと一日でカビたもんだよ。だから木を切って光を入れてね。こおんな太い木もあったよ」

と、どんどん話が続いていく。

「さっきホラ貝の音がしていましたが」

「ああ、あれはテープ。今は正月に向けて法具の大掃除してるから、音楽でも聴きながらと思ってね」

この東洋大師にも、やはりチベット感はあって、それは見るからに密教系の、この寺の派手な装飾がそう感じさせたとも言えるが、そうとも言い切れないのは、とりわけそれを感じたのが背後の小さな崖だったことだ。そこには密教を感じさせるものは何もないし、チベットでそんな崖を私がたくさん見たというわけでもない。それなのに、その崖を眺めているとチベットを思い出すのである。

やはり光だろうか。

確信はなかった。

崖には、南東からの朝の光が、したたりそうなほどたっぷり当たっていた。

東洋大師を過ぎて、さらに小さな岬を回り込むと、待望の室戸岬が見えた。たしかに室戸岬と確認はできないものの、海に沿った道が、遠く陸地の突端まで続いている。あれがきっと室戸岬だということにして、けじめをつけた。これからあそこまで歩くのだ。

ようやく見晴るかした目的の地。体の内側から力がみなぎってくるようだった。いよいよ私は、ふたつの〝へんろころがし〟に続く第三の難関にやってきた。

道の印象もだんだん変わってきている。

まさに想像していた通りの、空と海以外何もない道。宿も、売店も、自動販売機すらないと恐れられる無人地帯。

私は黙々と歩いていった。

不安だとも大変だとも思わなかった。それよりだんだん腹が減ってきた。

用意してあった食料は、宿でくれたおにぎり二個と、ブドウパンとクリームパン、そして歩いている途中、車が横付けに停車し、降りてきた年配の男性にお接待でもらったキャラメルひと箱である。宿に着くまでのことだから、それで十分だろうと思っていた。ところがもらったおにぎりのひとつを東洋大師で食べたところ、これが思った以上に小さいことが判明した。たこ焼きを入れて輪ゴムでとめるようなあのプラスチックの容器に、大きな三角形がふたつ入っていたので、大きいおにぎりだと信じていたら、実体はめちゃめちゃ薄っぺらかったのである。これはおにぎりじゃなくて、ライスバーガーの蓋だろ。

というわけで、なんだか食料が足りなそうなのであった。

今夜の宿は室戸岬まで約15キロのところにあるロッジおざきで、東洋大師からは18キロほどあった。その間この食料で歩かねばならない。仕方ないので、私はそろそろ昼食にすべく腰を下ろす場所を探しながら、ブドウパンとクリームパン、どっちを食べるか考えていた。

まず残る半分のおにぎりは食うとして、問題はそのあとである。ブドウパンもクリームパンも両方とも食べてしまうと、あとあとひもじくなりそうな気がする。なので、長く持たせるため、まずはひとつだけ食べたい。キャラメルは、空腹に関係なく疲れたときに食べることにして、ブドウパンはでかく、クリームパンは小さい。気持ちとしては腹も減ったのでブドウパンを食べたいが、これからまだ15キロ以上歩かなければならないのに、大きいブドウパンをさっさと食ってしまって、この先大丈夫かという懸念がある。逆にクリームパンで済ますと、またすぐに腹が減ってしまうだろう。

結局、私はクリームパンを食べた。長い行程を控えて、今後でかいブドウパンの姿が見られなくなるのが、忍びなかったのである。頼もしいブドウパンにいつまでもそばにいてほしかった。

ところがである。あろうことか、というか、案の定というか、クリームパン食ってもまだ腹が減っているではないか。こうなったらブドウパンも食いたいが、ブドウパン食ったら残るはもうキャラメルしかない。なぜ先にブドウパンを思い切らなかったか。食ってしまった今となっては大変悔やまれる。

仕方ないので、ブドウパンを半分食ったが、半分になってしまったブドウパンに、かつての頼もしさは微塵《みじん》も残っていなかった。こういうことは気持ちの問題なのだ。まだパンひとつ残っているというのと、もうパン半分しか残っていないというのでは、安心感が違う。

それに、ああ、なんということであろう。ブドウパンに気をとられて、私はうっかりキャラメルの箱の上に座っていた。箱はへしゃげ潰れて、開けてみると、キャラメルの多くにペリペリの包装紙が食い込んで、渾然一体《こんぜんいったい》となっているではないか。分離しようとしたが、うまくいかない。こんなの食べられないぞ。

まったく、不幸中の災いとはこのことだ。

こうなったのも、すべてのはじまりはおにぎりである。まったくあのおにぎりにはがっかりだ。お接待ということでただでもらったのだから、ガタガタ言う筋合いはないが、ひとつの現実としておにぎりは小さかった。

こうして、思わぬおにぎりの小ささにより、室戸岬への道は、噂《うわさ》通りの苦難の道となった。南無大師遍照金剛。

十日目　海部～ロッジおざき　歩行距離32・6キロ

室戸岬無補給ロード（後編）

二十三番札所薬王寺から鯖大師、東洋大師を経て室戸岬への長い長い海岸通りは、とりわけ東洋大師以降集落が少なくなり、食べ物を補給する店も自動販売機もトイレもない苦難の道が続くが、途中佐喜浜《さきはま》の小さな集落を過ぎたところに宿が二軒だけある。これらの宿があるおかげで、多くの歩き遍路が室戸岬まで野宿せずに歩き通せるのである。

歩き遍路には、こうした重要なポイントポイントにちゃんと宿があることが必要不可欠で、宿があるから歩こうという気も起こる。とはいえ宿ならなんでもいいわけでなく、高級ホテルなんかあっても用をなさない。安くて、ひとりでも気兼ねなく泊まれ、洗濯機と乾燥機が使える宿で、あとある程度の範囲なら車で送迎してくれることも大切だ。歩けなくなった場合や、その日のうちにたどり着けなかった人を迎えに行かねばならないからである。四国遍路が、その人気において他の巡礼地の追随を許さない最大の理由は、こうした宿のネットワークが出来上がっているからにちがいない。お遍路とは、寺巡りである一方で、宿を繋《つな》いでいく旅でもある。

さて、二軒ある宿のひとつロッジおざきに宿泊した。十一月も中旬とあってシーズンは過ぎたと思っていたが、部屋は満室。歩くならこのふたつのどちらかに泊まるしかないから、宿はすぐいっぱいになる。

ここから室戸岬まではあと約15キロ。ここまで来れば、もう攻略したも同然だと、そんな気持ちになったのも出発するまでのことで、朝七時半に宿を出ると、いきなりまともに歩けなくなっている自分を発見した。

マメだ。

痛い。痛すぎる。

歩くのが嫌になって道路にしゃがんでいると、追いついてきた同宿の男性が、靴ヒモの一番前を通さないで履けば少し楽になる、と教えてくれ、また別の夫婦は、自分たちは一時間ごとに必ず休憩し、はだしになって地面を踏むのだと言った。みな、それぞれにマメには一家言あるらしい。私も私なりに、靴下二足履き作戦で臨んだのだけれども、二足履いてそれで終わりではだめで、常に警戒を怠らず、こまめに靴と靴下を脱いで、足を乾燥させなければならなかったようだ。蒸れが大敵という話は、みな一様に口をそろえた。

マメが出来てしまったときの対処法も教えられたが、こちらは言うことがみなバラバラで、小さなものでも出来た瞬間に潰し、歩きながら水が抜けるよう大きめの針穴を複数開けてその上からテーピングせよ、と言う人があれば、逆に、マメの中には治し汁が入っているから、クッション性のある何かを敷いてマメを潰さないようにせよ、潰したところで、その下にまた新しいマメが出来るから同じ、と言う人もあり、どっちが正しいのかわからない。

そこで、幸いなことに私は八つの指にそれぞれマメがあったので、あるものは潰し、あるものは潰さないで、その後の経過を観察し、どちらが効果的なのか研究してみることにした。結果は後になってだんだん判明したのだが、気を持たせずに先に発表すると、潰さずに残した水疱《すいほう》はどんどん発達して大きくなり自然に潰れた。そこで別のマメを水疱を潰さずにテーピングで固めて試したところ、テーピングの外に逃げるように成長したので、マメのほうはどうしても大きくならねば済まさないつもりらしかった。これはもう潰すのが正解だろうと判断する。一方、さっさと潰して穴を開け、テーピングで固めたものも、結局テーピングの下で新しいマメが育ち、それを潰すとまたマメが出来て、何重にも復活成長し続けた。マメの生命力には驚くばかりだ。結局、大きく育つか、その場所で幾重にも育つかの違いであり、どうしたって痛いものは痛い。マメは作らないのが一番ということに落ち着いた。

しかし強いて区別をつけるなら、大きな水疱が破けると広範囲にずるむけて痛いので、同じ場所に繰り返し堅固なマメを作るほうが、痛む範囲が狭くて済むかもしれない。

さて、同宿の歩き遍路たちがみなスタスタと先へ行ってしまう中、私はひとり、かなりのスローペースで前進を続けた。

本日の目標は、通常のお遍路ならば、室戸岬にある二十四番札所の最御崎寺《ほつみさきじ》、さらに二十五番の津照寺《しんしょうじ》、二十六番金剛頂寺《こんごうちょうじ》あたりまで行くのが通例だが、私はそれはあきらめ、とにかく室戸岬まで行ければよしと考えることにした。前々から四国地図であのつんつんに尖《とが》っている右下の先端部分を、さっさと通り過ぎてしまうのは惜しいと考えていたのだ。室戸岬は、ゆっくり時間をとって味わってみたい。

道は相変わらずであった。

変化に乏しいといえばそうだが、案外退屈はしないものだ。左手にでっかく太平洋が広がり、右手はさほど高くない山もしくは崖で、緑に覆われている。海の青と木々の緑があれば、景色としてはそれで十分だろう。道路は二車線で、それなりに交通量があり、おおむね歩道もついていた。

面白いのは、その歩道に沿って、ずっとひっつきむしが生えていたことである。どこまで行っても、ひっつきむしが続いている。きっとお遍路が歩きながら運んだにちがいなかった。他にこんな場所を歩く人はいないからだ。

途中自動販売機もないというのは、昨日の東洋大師から佐喜浜への行程はおおむねそんな感じだったが、室戸岬に近づくにつれ、多少は見つかって、聞いていた話とは違っていた。噂は何事も大袈裟になるものらしい。

黙々と歩いていると、道端の畑で作業中の男性に声をかけられた。

「杖はどうした？」

「いや、重いので」

いきなり訊《き》かれて、適当なことを答えてしまった。本当は、邪魔なので、と言いたかったのだが、咄嗟《とっさ》のことで、はばかってしまった。一応、杖は弘法大師ということになっているから、お遍路が弘法大師を邪魔とか言うのは、どうかと瞬時に判断したのである。

すると男性は、

「重いとかいうとったらいかん。それが修行やないか」

と言い、

「ちょっと待っちょれ」

と手近な竹やぶから、ナタでざっと一本切りとり、節のところでさらに切り落として枝を払うと、私に手渡してくれた。

もはや邪魔とは言えず、それどころかわざわざ切ってくれたありがたさに心温まって、思わず納め札を手渡そうとすると、「いらん、そんなもん」と真っ当な反応で、ますま

もらった竹の杖。節くれが茶人の味わい

すうれしくなった。私も、お遍路がお接待されたときに手渡すぺらぺらな紙のお札には、最初から気恥ずかしい思いがしていたのだ。そんなゴミ渡してどうする、と思わず心の中で突っ込んでいる自分がいた。まさに男性の反応はもっともである。

ただ口頭でお礼を言って、青々と匂いたつような杖を手に、私は歩行を再開した。杖など邪魔だと思う私ではあったが、この杖は節くれがちょうどグリップになって持ちやすく、その少々歪《ゆが》んだ造形に、なにやら茶人的な味わいも感じられて気に入った。初めて手にした杖を突きながら、さらに進む。

室戸岬に近づくにつれ、建物も増え、徐々に人の気配が濃くなってきた。

海洋深層水を汲み上げて、タラソテラピーに利用している施設があり、足湯という標識が出ていたので、そこで休むことにした。

いくつか建物があって、どこだかわからないので適当に入ると、足湯はそこではなかったのだが、対応に出てきた若い女性スタッフが、こんな場所で突然出会うにはあまりに都会的で美人揃《ぞろ》いだったので、たじろいでしまった。自動販売機もないとか言って、辺鄙な場所を歩いてきたのが、思わぬハイセンスな世界に紛れ込んで、自分が汗臭いこととか、薄汚れてることとか、余計な気を遣ったのである。施設のそばには、白くて巨大な弘法大師像があって、室戸岬へアプローチする道中のちょっとしたアクセントとして、そのでかさに目を見張るのがお遍路の常套《じょうとう》であるらしいが、そんなものよりタラソテラピーのスタッフのほうがよっぽど目を見張った。

ひたすら室戸岬への道を歩く

室戸岬は、丸かった

ともあれ、ここまで来ればゴールは目前であった。足湯でゆっくり休んで、長いようで案外そうでもなかった室戸岬無補給ロードをふり返った。マメ問題はあったものの、道としては、むしろ楽しい道で、ここで歩き遍路の何割かが挫《くじ》けるというのは、どうも本当ではないように思えたのだった。

その後私は、二十四番札所最御崎寺を打ち、近場に宿をとって、室戸岬の先端へ向かった。

室戸岬は、果たして地図で見るようにきりきりに尖っているのかどうか、それを確かめたかったからだ。

岬の下には遊歩道があって、岩が荒々しくのたくっている奇岩風景が見所となっていた。しかし歩いてみても、どこが真の先端であるのかよくわからない。きりきりな地形などどこにもない。

それより、この日は強い西風であり、岬に到着するまでまったく吹いていなかった風が、岬の反対側では体ごと飛ばされそうなぐらいの強さだったことに驚いた。

そうして先端探索をあきらめ、ふと遊歩道からふり返ったとき、私は思わず笑いそうになった。岬の突端がこんもりとまあるく山になっていたのである。なんともかわいらしい。

これが、あの日本地図において触れれば切れそうなほどのエッジを立てている室戸岬か。ちっとも尖ってないじゃないか。

無補給ロードといい、室戸岬といい、何事も現場に来てみると、想像していたのと全然違って面白いのであった。

十一日目　ロッジおざき〜室戸岬　歩行距離17・5キロ

マメが痛いと言っているのに

室戸岬で泊まった翌日は、マメの痛みに堪えかね、休養日ということにして、二十四番札所最御崎寺から二十五番津照寺、二十六番金剛頂寺までの短区間で一日の行程を終わらせた。

マメは大変なことになっていた。潰さずに放っておいたほうは、引き揚げられた深海魚の浮き袋みたいに膨らんで、靴下に入らなくなりかけていたし、水疱が出来次第潰すようにしていたほうは、その潰した場所にまたマメが出来、それも潰してまたマメが出来と、そうやって何度も繰り返されるうち、マメの中に子マメ、子マメの中に孫マメ、孫マメの中にひ孫マメ、みたいな早口言葉状に成長してしまっていたのである。一見すると、キャベツを上から見下ろしているような、よく言えば指先に咲いた薔薇《ばら》の花のような風情になって、とても不気味だ。

あまりの複雑怪奇なマメの形状に、もしや雑菌でも入っているのではと疑い、病院に診てもらいに寄ったが、問題はないとのことだった。おそらくへんろ道沿いにある病院は、お遍路のマメなど慣れたものなのだろう。医者は、マメを治す特効薬はない、とそっけない顔で言った。

特効薬はなくても、私はマメをぴったりと覆う、いい形の絆創膏《ばんそうこう》が欲しかった。この四国遍路に来るまで知らなかったのだが、最近の絆創膏は、昔と違って、中央部のガーゼで血を吸い取るのではなく、傷口を密封するタイプが流行している。ガーゼのない、ゴムの人工皮膚のようなもので、傷口から染み出る黄色い液体を内部に溜め込むのである。というのも、傷から出るあの黄色い液体の正体が、実は余計な老廃物などではなく、あれこそが傷を早く治す〝治し汁〟だということが近年判明したからだ。

今回私も、その新式の絆創膏を持ってきたが、私の持っているものでは、足の指に出来たマメを美しく覆うことができず、残念に思っていた。足の指に絆創膏を貼るときは、うまくぴったりと覆わないと、その絆創膏によって別の場所が擦れて、あらたなマメやずるむけが出来てしまう。

仕方なく私は、テーピングテープをハサミで切ったりして使用していたが、どれもすぐに剝がれてしまった。

なので、わざわざ病院に行ったのは、病院にこそ、指先にぴったりくる新式の絆創膏があるのではないかという期待もあったからなのだった。

ところがである。私に処置をした看護師は、大きな綿菓子みたいなガーゼを、テープで指にべったりと貼ったかと思うと、その上から包帯でぐるぐる巻きにするという古墳時代のような手際を見せて、靴下どころか、私は靴も履けなくなってしまった。

　ちっとも新式じゃない。

　ふざけてはいかんよ。

　休養をとったあくる朝、同宿の歩き遍路の人たちに尋ねると、ほとんどは、今日中に二十七番札所神峯寺《こうのみねじ》まで打つと言っていた。神峯寺は山の中腹にあり、神峯寺を打ったあと山麓の民宿に泊まれば、一日の歩行距離は31キロ前後になる。今の私には長すぎる距離に思えた。そこで山麓の民宿までなんとか歩き、札所の往復は明日にしようと考えた。

　そしてこの日、私が神峯寺の山麓に到達したのは、午後の三時前で、当然そのまま宿に入って休む心積もりだった。

津照寺はどことなく異国の香り

　ところがそのときふと、私は余計なことを思い出した。以前出会った男性が（その男性は歩き遍路二度目だった）、農夫に「働きもせんと、ぶらぶらして。結構な身分やな」と罵声を浴びせられたと言っていたその場所が、まさしく神峯寺ではなかったか。

歩き遍路をしていると、多くの人に温かく迎えられ、お接待をいただいたり、激励の言葉をかけてもらったりするけれど、時には、その逆もある。そもそも歩き遍路は、時間も金もかかる贅沢《ぜいたく》な道楽でもあるわけで、そんなひまや金のない身には、腹立たしく見えることもあるのだろう。詳しい事情は知らないが、その農夫もそんな忌々しい気持ちで、お遍路が自分の畑の横を通り過ぎるのを眺めていたと思われる。そしてたまたま虫の居所が悪いときに通りかかった男性が、手痛い言葉をくらったのだ。

思うに、私など、たいした信仰心もないのに、ぶらぶら歩きたいというだけで来てしまったエセ遍路であり、お遍路が結構な身分というなら、それこそ結構も結構、大結構と銘打ってもいいぐらいだ。できればその農夫には出会いたくないものだった。そんな場所はさっさと通り過ぎるに越したことはない。

私は予定を変更し、神峯寺への道を登りはじめた。

二十七番札所神峯寺は標高430メートル、海岸近くからほぼまっすぐに、往復する道がついている。登るだけで黒髪が黄色になったと『四国偏礼《へんろ》霊場記』(教育社新書)に記されるほど、かつては険しい山道であったらしい。現在でも、ひたすら直線的に登り詰めるその参道は〝真っ縦〟と呼ばれ、四国遍路の難所のひとつに数えられている。

登り口近くに、ビニールハウスが並んでいて、その陰から今にも「結構な身分やな！」が飛び出してきそうで、緊張した。

「結構な身分やな！」が出てきたら、何と言って対応したものだろうか。「大きなお世話です」では険があるし、「ええ、そうです。結構な身分です」は嫌味だ。

ああだこうだ悩みつつ歩いていると、前方からおばちゃんが急速に近寄ってきて、何を言われるかと身構えていたら、「これ食べて」と、結構なみかんをくれた。さらに、客を乗せたタクシーが横付けして「兄ちゃん、乗っていき」と声をかけてくれたりして、まるで想定していなかった展開。「結構な身分やな！」はどこへいったか。

結局そんな人はどこにもおらず、みんなみんな親切だったのであって、私は余計な気を回して、往復約7キロも余計に歩き、下り坂でマメがますます痛くなったのだった。

こうして、マメが痛いと言っているのに、一日31キロも歩いた私だ。痛みはすでに限界を超え、もう帰りたい気分だった。

当初徳島駅を出発した時点での今回の目標は、高知市内までたどり着くことだった。だが、同時に設定していた最低限のノルマは、電車の通う奈半利《なはり》までと考えていて、その奈半利はもう過ぎてしまった。だからここで切り上げても納得できる。この足の状態で歩いても楽しくないし、今回は電車に乗って東京に戻ろう。

いよいよそう心を決めたが、どういうわけか、これもまたうまくいかなかった。

あろうことか私は、翌日またも30キロ歩いてしまったのである。

接待所。入った瞬間、ちょっと怖い

いったい何の呪いであろう。さっぱり意味不明じゃないか。

それは、鯉《こい》のせいだった。

電車に乗るつもりで土佐くろしお鉄道の駅がある安芸《あき》市に入り、ふと市内を流れる川を覗《のぞ》き込んだところ、鯉がいっぱいいて、橋の欄干から見下ろした私めがけて、どわわわっと寄ってきたのである。みな、ぬらぬらと黒光りする大きな口を開けて、私が落ちてきたらパクパク食べるぞ、と言っていた。なんだか腹立たしくなり、思わず睨《にら》み返していたところ、私の後ろから歩き遍路の若い女性が歩いてきた。その女性が私を見て、怪訝《けげん》な顔をする。それはそうだろう。私は橋の上から、なみいる鯉を睨み倒していたのだ。仕方ないので私から女性に声をかけ、鯉の悪行非道の数々を語り伝えた。女性は川を覗き込み、「わあ、すごーい」と言った。

こうして鯉の陰謀により、私は若い女性のお遍路とともに歩くことになり、彼女は、寺好きが高じて四国遍路を始めたと爽やかに語るのだった。今まで行った中で、一番よかったのは永平寺《えいへいじ》だそうだ。

ナンパしたのか、などと不見識な疑いを持ってはならない。言っておくが、私が行ってよかったと思った寺は、立石寺《りつしゃくじ》とか、南禅寺《なんぜんじ》であり、あと高山寺《こうざんじ》もおすすめですし、奈良の長谷寺《はせでら》もいいと思います。

え？　いえ、通し打ちではありません。区切り打ちで。もちろん、まだしばらく歩きます。今回の目標は、高知駅なんです。マメが痛いんですけど、なに、まだまだ歩けます。

そうして気がつけば私は、電話をかけて今夜の宿を予約していた。

昨日は神峯寺を往復して31キロも歩き、今日もまた宿までの距離30キロ。マメが痛いと言っているのに、痛くなってからますます距離が伸びている。

しかしマメごときで弱音を吐く私ではないことは、前々からお伝えしている通りである。

十二日目　室戸岬～二十六番金剛頂寺　歩行距離8・7キロ
十三日目　二十六番金剛頂寺～二十七番神峯寺下　歩行距離31・0キロ

十四日目　二十七番神峯寺下〜香南市《こうなん》　歩行距離30・0キロ
十五日目　香南市〜土佐一宮《とさいっく》駅　歩行距離19・8キロ

3章
土佐一宮駅から、四万十大橋まで

中敷き作戦

年が明け、また春に向かおうという三月、三度目の四国遍路に行くことにした。

今回は高知からのスタートだ。前回は結局、三十番札所《ふだしょ》善楽寺《ぜんらくじ》を越え、JRの土佐《とさ》一《いっ》宮《く》駅まで歩いた。徳島から室戸《むろと》を回って高知まで歩いたわけだ。手元の道路地図を広げてみると、ずいぶんな距離である。本当にこんなに歩いたのか。なんだか自分のことではなく、どこかの巨人の功績のようだ。

だいたい自分の歩いた距離が、日本地図上で確認できること自体新鮮な感じがする。私は毎日自宅から仕事場まで1キロ余り歩いて通っているが、そんなのは日本地図上ではほとんど確認できない。それがお遍路になると、一日分の行程に限っても、はっきりと地図上で確認できるのである。その一日一日が積み重なって、十五日かけて高知まで進んだ。この移動は、もう地図上ではっきりとした実体だ。おそらく私の十五日は、人工衛星からも見えるだろう。

人間というのは案外歩けるものなのだ。今回も是非いっぱい歩きたいが、その前に、私には解決しなければならない問題があった。

マメ、である。

マメはいい加減になんとかしなければならない。毎回毎回それで苦しめられ、旅の楽しさが半減とまではいかないまでも、3割ぐらいは減っている。

なので今回は万全を期し、靴を買い換えていくつもりだった。前回、多くの歩き遍路から、靴は足のサイズより1・5から2・0は大きめのものを履いている、と聞かされ、長く歩くと当然足がむくむわけだから、普段履きより大きいのを履くのは、理にかなっていると思った。もちろん私だって通常26・0のところを、少し大きめに26・5を履いていたけれど、そんなんじゃ足りなかったらしい。27・5を買い直そうと靴屋へ行ったのである。

ところが、靴屋は、「あなたの足のサイズは、正確に測ってみると25・0です。だから、26・5は決して小さくありません。長く歩くのなら、ちょうどいい大きさでしょう」と言う。

そう言われても、実際にマメが出来て痛いわけだから、納得できない。どうしても27・5を売ってもらいたいと頼んだところ、「これを見てください」と言って足の骨の模型を出してきた。「足は疲れてくると、だんだんこのように土踏まずがぺったんこになってきます。そうすると指先が外側へ押し出される形になって、小指が靴に押しつけられるのです。そして、小指にマメが出来る。これを防ぐには、土踏まずがへしゃげないようにする必要がある。あなたの場合も、問題は靴の大きさではなく、土踏まずがへしゃげることなんだ。だから、それをさせないよう、中敷きで補強すればいいんです。今入っている中敷きはふにゃふにゃでしょう、ほら。これでは土踏まずがへしゃげてしまう。それよりこの固い中敷きを入れてみなさい。そうすればマメも防げるはずです」

私のマメはほぼすべての指に出来るが、いつもまず小指から出来る。その意味では、このアドバイスは一理ある気がした。しかも27・5の靴は1万円以上するが、中敷きは4000円しない。靴屋とすれば、黙って27・5を売れば儲《もう》かるところを、中敷きで済ませよ、というのだから、この話には信憑性《しんぴょうせい》があると踏んだ。それで中敷きだけ取り替えて、今回チャレンジしてみることにする。果たして結果はいかに。それは今後おいおい報告したい。

さて、マメ対策はそれでいくとして、さらに今回は、菅笠《すげがさ》を持っていくのをやめた。菅笠はこれまで私が身につけていた唯一のお遍路らしい装備で、雨が降ると便利だと思って携行していたが、雨のとき以外はおおむね邪魔である。風が吹くと煽《あお》られるし、何より行き帰りの電車内で邪魔なのである。

最初から最後まで通しで歩く人は、最初に買って、最後に寺に納めるからいいが、私のように自宅と行ったり来たりしながら区切り打ちをする場合、お遍路の装備もいちいち持ち帰らないといけない。なかでも杖《つえ》と菅笠は、ザックに入らないため、どうしても目に見える形で持ち運ぶことになる。ところが、杖はいかにも大仰だし、菅笠には同《どう》行二人《ぎょうににん》とか、梵字《ぼんじ》とか、言っちゃ悪いが辛気臭いことが書いてあって、新幹線や都会の電車に乗るのは、なんとも気恥ずかしいのだった。

気恥ずかしいとは何だ、怪《け》しからん奴、という本式のお遍路からの怒りの声が聞こえてきそうだけれども、そういう自分の煮え切らないところもまた、現代のお遍路の実相らしくていいのではないかと都合よく考えることにしたい。堅苦しい話は勘弁してもらいたい。聞けば、人によっては、車で回るのは正式な遍路ではなく、そんなのはスタンプラリーに過ぎないと、歩き遍路でない人をけなすようなのもいるらしいが、実に料簡《りょうけん》の狭い話だ。ケツの穴があまりに小さい。私は歩き遍路だが、気持ちはむしろスタンプラリーである。全部の朱印を集めて、四国を一周歩きたいのである。ついでに観光とかもしたいのである。

というわけで、前置きが長くなったが、そろそろ歩きはじめることにする。

前回JRの土佐一宮駅でゴールしたので、今回はそこからだ。皮肉なことに、菅笠を置いてきたら、いきなり雨の中のスタートとなった。

ポンチョを着て歩き出すも、菅笠がないので、顔にじかに雨が降り注いで、いい迷惑である。気恥ずかしいとか言ってないで、菅笠ぐらい持ってきたらよかったんじゃないか、とさっそく自分に突っ込む。

初日の目的地は桂浜《かつらはま》に設定した。土佐一宮駅から、三十一番竹林寺《ちくりんじ》、三十二番禅師《ぜんじ》峰寺《ぶじ》を打って桂浜まで。距離にすると、20キロもない。歩こうと思えばもっと歩けるはずだが、敢《あ》えてのんびり歩くつもりだ。前回ついつい先急いでしまい、あまり観光を楽しめなかった反省を踏まえ、今回は、おうおう、いくらでもサボってやる、道草しまくってやる、と気合十分である。

そしてその言葉通り、さっそく竹林寺横の牧野植物園で道草した。

というかこの植物園、へんろ道を歩いていると、いつの間にか園内に紛れ込んでおり、気がつくと無料で観賞していたのである。本来ならば入場料を払って入園すべきところなのに、どうなっているのかわけがわからない。わけはわからないが、園内は広く、見ごたえ十分であった。温室があったので入ってみたりもして、そろそろ出るかと思ったら、そこが入場ゲートで、歩き遍路さんの通行は無料と言われたものの、通行どころか存分に観賞したので、入園料を払って出園した。パンフレットなどももらったけれど、後の祭りである。

お遍路さんの通行はタダなんて言いはじめたら、みんな菅笠被《かぶ》ってへんろ道からドカドカ入ってきて、そこらじゅう「かさじぞう」みたいにうろつき回るんじゃないかと思ったけれども、良識ある一般庶民はそんなことしないのであろう。

気がつくと、雨は止《や》んでいた。濡《ぬ》れてつるつる滑る石畳の山道を、次なる禅師峰寺へ向けて下っていく。

途中の道が工事中で、ショベルカーが入って何か作業をしていた。地面を掘り返し、大きな段差ができている。私が近づいていっても、なかなか作業をやめないので、どうやって通り抜けたものか思案していると、不意にショベルカーが静かになり、交通整理のガードマンが指差す先を見れば、その大きな段差に歩きやすいスロープができていた。ショベルカーが作業していたのは、そのスロープを、わざわざ私のために作ってくれていたのだ。私の接近を知って、急遽《きゅうきょ》付け足したのである。なんという配慮であろう。大変ありがたい。ありがたいし、ショベルカーみたいなごつい機械で、そんな細やかなものを瞬時に作ってしまうところが心憎い。

これまでにも四国遍路で出会った道路工事の人たちは、ずいぶんお遍路に気を遣ってくれていた。粉塵《ふんじん》を撒《ま》き散らしながら工事をしていた現場では、通りかかる歩き遍路に、マスクを配っていたし、「この先工事をしていますので、お遍路さんは道路の反対側を歩いてください」と書かれた看板を見たこともある。道沿いに住んで遍路慣れしているわけでもなかろう工事作業員の人たちが、そこまで気を利かせてくれるところに、ぐっとくる。

私には香港人の友人がいて、日本が好きで、もう何十回と旅行に訪れているのだが、日本のどこが一番よかったかと彼に尋ねると、四国と即答する。人がものすごく親切だったというのだ。思えば、それも納得できる。彼はきっと、知らず知らずのうちにお接待文化の真《ま》っ只中《ただなか》を旅したのにちがいない。

私もまさかショベルカーに接待されるとは思わなかった。

続く三十二番禅師峰寺は、ちょっとした小山の上にあり、眺めがよかったので長く休憩した。弘法大師《こうぼうだいし》像の手元の鉢に水が溜《た》まって、メジロが水浴びしていた。

桂浜に着いたのは午後二時。

へんろ道からは少しはずれているが、桂浜には水族館があるので、寄り道しようとやってきた。水族館で、アカメという、その名の通り目が赤く光る魚を見物したり、水槽の壁に張りついたエイの裏側を観賞したりする。

呑まれたら大変そうな桂浜の波

いい雲だった

桂浜自体は案外狭いところで、狭いうえに左手に防波堤だの港湾設備などが露骨に見えて、風光明媚《ふうこうめいび》でもなんでもなく、それほどの観光地とは思えなかった。坂本龍馬のオーラにみな誤魔化されているのにちがいない。

私の場合、桂浜といって頭に浮かぶのは、龍馬ではなく、義理の母である。

妻によると、幼い頃家族でこの浜に旅行に来た際、母親が波と戯れるうちに、そこにあったゴミ箱にけつまずいて転び、ゴミ箱ごと波に呑《の》まれたそうである。妻はそれが相当おかしかったらしく、今でも思い出し笑いをする。

そのときはのどかな思い出話だと思って聞いていたのだが、今回来て見た桂浜の波は、ちっとものどかどころではなかった。それこそ浜にいる人間を攫《さら》っていこうとでもするかのように、大きく振りかぶって、どっぱ〜ん！　と叩《たた》きつけるその音響もすさまじく、叩きつけた次の瞬間にはカメレオンの舌のように、つつつつっと素早く回収されて次の大波に場を譲るといった具合で、次から次へと激しい連係で、観光客を脅かしていた。私は、大波に足元を掬《すく》われて、滑るように海の中に回収されていく義母を想像し、よく生きて還《かえ》ったものだと感嘆した。当時の波がどんなものだったか知らないが、同じ太平洋だし、それなりの波だったんじゃないだろうか。やはり坂本龍馬なんかより、その義母のほうがよっぽど見ごたえがある気がする。

十六日目　土佐一宮駅〜三十三番雪蹊寺《せっけいじ》　歩行距離22・6キロ

恐るべき含蓄のある白いワゴン車

三十三番札所雪蹊寺から、三十四番種間寺《たねまじ》へ向かう途中で、お爺《じい》さんに声をかけられた。道端に小さな白いワゴン車を停《と》めて、歩き遍路を待ち構えていた様子である。

まあ、中に入ってくつろいで、と言われ、遠慮なくあがると、内部は後部シートを取りはずして、そこにベンチがぐるりと造ってあった。１００万かけて、中で寝られるように改造した、とお爺さんは言った。ココアを出してくれたので、ありがたく頂戴する。四国遍路では、お接待してくれる人が、時々用意周到である。たまたま見かけたから、これ持っていき、と果物をくれたり缶ジュースをくれたりするのと違い、そういう人は最初からお遍路を捕獲しようと待ち構えていて、施すことをライフワークにしている。このお爺さんも、まさしくそういう人だった。

私も何度もお遍路した、今は保育園と釣り具屋と釣り船を営んでいる、かつては年商１億あったが、今は５０００万、とそんなことまで、ややぶっきらぼうな口ぶりで尋ねもしないのに話す。

調子を合わせて、どうしてそんなに減ったのですか、と訊《き》いてみると、最近は釣り船客がゼロ、というのは、釣り客が減ったというより、同業者が増えすぎたせいなのだと説明した。

「保育園も最近は子供が集まらん」と、お爺さんはさらに言った。

「子供が減ってるからですか」

「保育園なんて、ボランティアみたいなもん。いつも赤字。できたらやめたいけど、やってくれ言われるから、そうもいかん。毎日事故がないか気が気でない。みんな帰ったら、ほっとする。あれはやるもんやない。心臓に悪い。でもうちの保育園は、創業以来事故いっさいないよ。事故いっさいない」

聞いているほうはしかし、どうでもいい話である。お爺さんは、しゃべり出すと止まらなかった。

「釣り具屋は年間、万引き200万ある。これは毎年いっしょ。だいたい200万」

「そんなに誰が万引きするんですか」

「小学生、中学生やな。もう高校生ぐらいなったら、そんなことせん」

「大人がするんじゃないんですね」

「そらそう。そういう子供は、だいたい親が悪い。お子さんが万引きしましたちゅうて電話しても、今忙しいからとか言うて引き取りにも来ん。警察呼んでいいですかちゅうたら、やっと飛んでくる。そういう親の子供が万引きする」

お爺さん、口調は少々ぶっきらぼうだが、気がつくと三十分以上ほぼひとりでしゃべっている。はじめはのんびり聞いていたものの、だんだん話が大きくなって「政治が悪い、とみんなこう言う。それは違う。政治が悪いんじゃない、心が悪い」とか言いはじめたので、面倒くさくなってきた。

日本に仏教を最初に持ち込んだのは誰か知ってるか。聖徳太子。聖徳太子が最初に持ってきた。仏教はえらい。こんなえらい宗教はない云々《うんぬん》。

ああ、やっぱりだ。話が含蓄方面に進んでいく。そんなことじゃないかと思っていた。含蓄のある話は嫌だ。一対一で含蓄に晒《さら》されることほど、尻のムズムズするものはない。

私は、礼を言って切り上げようと思ったのだが、それを阻止するかのように、お爺さんは、話に継ぎ目をつくらず、間をつくらず、どこまでも淀《よど》みなく話題を変転させていく技は、ある種の熟練さえ感じさせた。こうなったら私は、どっち見てるのかわからないバッタのような無関心顔で対抗しようとしたが、敵もさるもの、「どうしてか、わかるか」と、いちいちこちらを巻き込もうとする。これはやっかいな人につかまったと、後悔した。車の外を、次々と歩き遍路が通り過ぎていくのをうらめしい目で眺める。いつしか一時間がたっていた。

しかし、まあ悪気はない人なのである。それどころか、もてなそうという情熱が有り余っていて、なんならこの車に泊まっていってもいいよ、と言ってくれたぐらいだ。それはありがたい申し出かもしれないけれど、今日はまだ2キロしか歩いていない。多少強引なタイミングかとは思いつつ、私は唐突に礼を言ってその場を辞し、やっとの思いで含蓄から脱出した。

ひとたび別れとなれば、ぱったりと無愛想になって、ろくに見送りもしないのも、こうしたお爺さんの特徴である。ああ、はいはい、じゃあ、とこちらの顔も見ないで、さっそく次なるターゲットに気持ちは飛んでいるようであった。

ようやくホッとして歩き出したところが、すぐにまた別の白いワゴン車が停まっていた。

思わず身構えたが、見れば、その中にはすでに別のお遍路が捕獲され、白装束が何かうんうんと相槌《あいづち》を打っていた。危ない危ない。恐るべきは、含蓄のある白いワゴン車である。私はうっかり目をつけられないよう、またしてもバッタのような顔で車の横を通過した。

三十五番清滝寺《きよたきじ》を打ち、昼食をとると、三十六番青龍寺《しょうりゅうじ》を目指した。青龍寺は、横浪半島《よこなみはんとう》の先端近くにあって、昔は船で通うしかなかったようだが、今は宇佐大橋《うさおおはし》ができていて、それを渡っていく。

私は、この横浪半島に、地図を見たときから惹《ひ》かれていた。室戸岬からここまで比較的なめらかだった海岸線が、突如ここにきてぐっとうねって複雑になり、大きなウミウシみたいな形の半島が、陸地と平行に西から伸びて、細長い湾を形成している。このような細長くて深い湾には興味をそそられる。その奥に、人知れず異界の門が口を開けて待っているような、一種独特の気配があるからだ。

歩き遍路はここで、ひとつの選択を迫られることになる。青龍寺を打ったあと横浪黒潮ラインを歩いていくか、浦ノ内湾に沿って歩いていくかの選択である。横浪黒潮ラインというのは半島上を走る道路で、そこからの太平洋の眺めは格別とのことだった。

私は当初、横浪黒潮ラインを歩くつもりでいた。湾の奥を見てみたくもあったが、黒潮ラインのほうが距離が短かった。ところが、もうひとつの選択肢として、浦ノ内湾には巡航船があって湾口部から最奥近くまでそれで行けると聞き、そういうものがあるならぜひ乗りたいと思った。それに乗って、湾の最奥、海の終わるところにある異界の門を探検したい。

そういうわけで明日は巡航船と心に決め、青龍寺横の国民宿舎土佐にチェックインしたところが、フロントで巡航船の時刻表を見せてもらうと、なんと明日の日曜は運休であった。船は基本的に小中学生の通学に使われており、学校がない日は運航しないのだそうだ。おお、なんちゅうこっちゃ。

しかしどうしても船に乗りたいので、そういうことなら、明日は一日休養ということにしたい。急ぐ旅ではないし、むしろゆっくり行きたいと思っていたから、ちょうどいい機会と考えることにする。

翌日は船着場近くの宿へ移動するだけのつもりで、朝はゆっくり起きて、国民宿舎を出た。あんまり早く出て、午前中に今夜の宿に着いても困る。なるべくのそのそ歩いていると、車道に沿って下る途中に駐車場があって、そこからヘルメットを被り、ザイルを担いだ男たちが何人も海岸へ降りていく。そんな装備でいったいどこへ行くのか不思議に思い、時間もあるし、ついていった。

急峻《きゆうしゆん》な崖とも言える木立の中をしばらく降りると、浜に出た。浜の幅は狭く、半島の外洋側で、大きな波が打ち寄せていた。波の打ち寄せる音が一回ごとにこちらに前進してくるように思われて怖い。

浜には赤い石が多く転がっていた。海岸へ降りるところで、五色浜という標識が出ていたが、この石が名前の由来だろうか。

男性たちは、さらに隣の石浜の奥にある高い崖目指して歩いていくようだ。どうやら、その崖を登るのらしい。彼らロッククライマーがオーバーハングになった岩に取り付くのを眺めながら、私は石を拾った。

このあたりのどこかの断崖の下に、青龍窟という洞窟があって、かつては行者《ぎようじや》がそこで修行したそうである。そこへ行くには舟か、泳ぐか、木の綱を伝って崖を降りるしか方法がなかったという。四国遍路というのは、もともとは海沿いをずっと歩いていく辺路という修行形態が弘法大師以前からあり、それがいつしか変遷して今の形になったものだそうで、札所というのは、たいてい海沿いか、もしくは海に関係の深い場所にあった。民俗学者の五来重が『四国遍路の寺』という本の中でそう書いている。

青龍寺も、海の見える奥の院が本来の札所で、現在の場所は参拝に便利なよう後で山の麓に移したものだそうだ。その意味では、聖なる場所は、寺よりもこの崖のほうであり、その本来の札所である奥の院の下が青龍窟であるならば、私なんかよりロッククライマーたちのほうが、やってることはよほど本来の遍路修行者に近いのだった。ロッククライマーたちは、傾斜が逆さになったオーバーハングの岩肌を、ゆっくりとではあるが、巧みに上へと登り詰めていく。

私は今見ている風景が、弘法大師の頃も同じようだったということが、うまく実感できなかった。遠い過去も現在と同じような波が打ち、同じような石が散らばり、同じような青空があったということが不思議に思われる。弘法大師など本当にいたのだろうか。いや、弘法大師どころか、現実の実際的な確かさのある風景を眺めていると、過去の時代なんて、本当にあったのだろうかと思ってしまう。

それからどうしたわけか私には、昔の風景は、妖怪的に薄暗かったという思い込みもあって、現代とほとんど変わらない明るい風景の中に、歴史上の人物を配置すると、明るさがチグハグな感じで、そんなに明るかったらそれは過去ではないという気さえする。

昨夜、国民宿舎の露天風呂で年配の男性に話しかけられ、「むかしは、お遍路ちゅうとなんか暗い感じがしたけどな」と言われたが、そのとき頭に浮かんだ光景は、遍路に限らず、空も海も何もかもが暗かった。

このことから、人間は、太陽の明るさ、現実の明るさを頭の中で100%思い浮かべることはできない、光は同じだけの強さで記憶することができないということが言えそうである。であるならば、光こそが、今現在ここに自分がいることの最大の証拠になるのではないか。

というようなことを考えてエセ哲学者的な気分に浸ったが、そんなことを考えたのも、ひまだったからである。

しばらくロッククライマーを見ていたが、案外時間がつぶれない。石拾いも赤いのばかりでつまらなくなった。それで五色浜を引き上げ、他にも寄り道をしようと思いつつ歩いていくと、あっという間に、船着場近くの、今夜宿泊予定の宿に到着してしまった。国民宿舎から7キロ程度しかないのだから、しょうがない。

チェックインすらできない時刻なので、宿の人が、電話をくれたら車で迎えに行ってやると言ってくれたこともあり、荷物を宿に預けて、浦ノ内湾に沿ったへんろ道をさらに歩いた。巡航船に乗るならば、歩かないでいいはずのへんろ道だ。それでもなにしろ時間があるから、どんどん歩いた。そうしてどんどんどん歩いていって、ついに巡航船の終点に到着した。明日、巡航船に乗ってここまでやってくるというその場所である。そんなにすぐに着いてしまうとは想定外であった。

いい散歩になったけれど、探検でたどり着く場所の景色をあらかじめ知ってしまい、巡航船に乗る楽しみがおおいに減って、複雑な気分であった。

十七日目　三十三番雪蹊寺～国民宿舎土佐　歩行距離30・6キロ
十八日目　国民宿舎土佐～横浪　歩行距離14・5キロ

あたりさわりのない出会い

巡航船に乗って、浦ノ内湾の奥深くへ侵入する。

果たして、湾の奥にはどんな不思議の世界が待ち構えているのかあ！　というスペクタクルを味わうつもりの巡航船だったが、昨日のうちに終点まで歩いてしまい、どんな不思議の世界も待ち構えていないことがわかっている。

子供たちの通学の足となっている船の中で、私はどんよりと曇った内海の風景を眺めて過ごした。天気が悪いと内海は陰気である。

船には若い船長がひとり。後は小学生が十人ほどいたろうか。小さな船着場で子供たちが降りると、次の船着場で今度は中学生がどっと乗り込んできた。船は二十人も乗ればいっぱいになりそうな小さなものだが、こぢんまりした感じが気楽でいい。

こういうとき、テレビの旅番組や、こなれた旅エッセイの書き手であれば、子供たちと会話をしたり写真を撮ったりして、心温まるのだろうと思い、しばらく中学生を睨《にら》んでいたが、とくに話したい話題もひらめかず、むしろわざとらしいタイミングになりそうだったので、結局あきらめて外を眺めた。

天気のせいで陰気なものの、会社の通勤もこんな船なら、満員電車よりよほど面白そうに思う。

私がまだサラリーマンで、東京の新橋にある会社に通っていた頃、東京には川が多いから、それを伝って水上バイクで通勤するサラリーマンがいるとテレビの話題になっていた。渋滞のない川の上を通勤するのは実に愉快そうだったが、水上バイクに乗るためにはいちいち着替えなければならないし、雨が降ったら飛沫《しぶき》で顔が痛いし、そもそも東京の川なんて汚そうで、やっぱりうらやましくないと思ったのである。

歩き遍路でも船には乗っていいらしい

それに比べると、この巡航船は着替えなくていいし、水飛沫もかからないし、珍しい気分にもなれてとてもよい。

「これだけ湾が深いと、台風なんか来ても平気なんでしょう」。船長に尋ねると、「台風でなくても、風が強い日には波が立って、運休することがあります」とのこと。

運休になって会社に行かなくて済むなら、ますます通勤は船がよさそうだと思った。しかし外の景色はといえば、奥へ進んでもさほど変化がなく、のったりとした水面に時々筏《いかだ》が浮かんでいるばかりである。すでに結末を知っているとはいえ、途中ジャングルクルーズのようなめくるめく展開を期待していなくもなかった私は、拍子抜けする思いで、横浪という船着場で下船した。そうするとそこは、昨日すでに見た場所だから、ますますどうということもなかった。

須崎《すさき》にある番外札所大善寺《だいぜんじ》の境内で、今朝同じ宿を出た男性に出会った。

関西出身のおっちゃんで、もうお遍路は四度目だという。一度目は車で、二度目は自転車で、三度目は歩きで、今回は番外霊場も含めて歩くのだそうだ。

どうして四度も来たのか、四国遍路の何が魅力だったのか、と尋ねると、

「さあ。わからん」と答えたあと、しばらくおいて、「わからんから歩いとんのや」と言った。そして「お四国中は、今日どこまで行たろ、とそれだけ考えとったらええから楽やねん」と付け足した。

すでに還暦を過ぎ、31歳の息子がいるが、この息子が学生時代に一年休学してアジアを旅して回ったあと、サラリーマンなんかやってられんと言い出して、写真家を目指しはじめたそうで、生活も苦しいから未《いま》だに結婚しよらん、とおっちゃんは嘆いていた。

私はそれを聞いて、まるで私とそっくりな息子だと思い、大丈夫ですよ、なんとかなり

ますよ、と慰めたのだが、本人も実はちっとも悩んでいないようで、それどころかむしろ息子のことを誇らしく思っているらしいことが、言葉の端々から感じられた。

「なんで、あんなんに育ってもうたかな。育て方まちごうたわ」

「血じゃないですか」

四国遍路に四度も来るような、この親にしてこの子ありということだろう。

須崎から安和《あわ》までの間にトンネルが三つある。どのトンネルにも歩道がない。交通量も多くて、怖い。怖いけれども他に道はない。四国遍路の9割が舗装道路と聞いたとき、最初に心配したのが、このことだった。

歩道があって、ガードレールで車道と隔てられていればいいが、段差があるだけの狭い歩道や、段差もない場合が、実際は少なくない。それでへんろ道というのだから詐欺に遭《あ》ったような気分になる。

「トンネルは本当に嫌ですね」

私は、おっちゃんに言った。いつしか一緒に歩くようになっていた。

「そやな。トンネルでも別にええねんけど、歩道ないのんが問題や」

「歩道がないといえば、十九番の立江寺《たつえじ》から二十番の登山口までの道もひどかった」

「ああ。あと十二番から十三番に下りてくる道も歩道なかったやろ」

「そうでしたっけ。あそこは川がきれいでそればっかり見てました。覚えてないなあ」

「あそこな、歩道ないうえに、えんえん長いねん」

四国遍路の写真集などを見ると、自然の美しい道ばかり載っている。だが来てみると、そんな道より車道歩きのほうがよほど多い。歩道がなくて交通量が多い道を歩くときは、いつ何時車が突っ込んできても咄嗟《とっさ》に横っ飛びできるよう自らをジャッキー・チェンだと信じて歩くようにしているが、トンネルとなると横っ飛びは無理だ。

この場合、ジャッキー・チェンならどうするだろう。思うに、杖を頼りに壁を駆け上がるようにして、車の上に飛び乗ったりするのではないか。あるいは杖で棒高跳びみたいにして、とりゃあ、と飛び越えるとか。いろいろアイデアは思いつくけれども、そんなこと考えてるひまがあったら、さっさと駆け抜けたほうがいいような気がする。

安和の先にある焼坂峠《やけざかとうげ》は、トンネルを使ってショートカットすることもできたが、このトンネルが長いため、もし歩道がなかったら危険すぎると判断し、峠道に入った。後で聞くと、やはり焼坂トンネルには歩道はないのらしい。1キロ近くありそうだったから、入らなくてよかった。

地図によると、焼坂峠は標高228メートルで、さほど厳しい道ではないが、おっちゃんはさすがに少々苦しそうであった。

「トンネル行けばよかったでしょうか」

「いやいや。こっちがええ。峠越えはしんどいけどな。それがお遍路やからな」

そうなのである。トンネルは嫌だが、体がしんどいのはいいのだ。

峠に着いたところで、

「お父さん、へんろ道で、一番しんどいのはどこですか？」

と訊いてみた。

「そやな。やっぱり焼山寺《しょうさんじ》の登りちゃうかな」

「そうなんですか。横峰寺《よこみねじ》とか雲辺寺《うんぺんじ》とか、きつくないんですか」

「いや、焼山寺が一番きついよ。他はゆるいわ。焼山寺は登って下りてまた登ってやろ、苦しい区間が長いねん」

「じゃあ、一番よかった道はどこですか？」

「そりゃもう、室戸と足摺《あしずり》やな。景色が雄大や」

「瀬戸内のほうは、いいとこないですか？」

「あっちは松山越えたらあとは惰性や」

ふたりでそんな会話を交わしながら、土佐久礼《とさくれ》まで歩く。最後は雨になった。

結局この日、久礼で同宿したあと、このおっちゃんとはそれでお別れになった。翌朝、おっちゃんは先に発ち、二度と追いつくことはなかった。

四国遍路がいいのは、こうして多くの人と互いに深入りしない程度に出会える点である。歩いているのは若者もいるが、年配の人も多く、知らない人に出会ってもさほど険がない。人間若いうちは、初対面の相手はみな敵のように思っているから、混じる混じらないがはっきりして、本来は必要のないしこりが生まれることもあるけれど、年齢層の高い四国遍路は、最初からお互い知ったこっちゃないので、同行するもしないもうやむやである。

私ももういい大人になって、初対面の人とでも、あたりさわりのない話でそこそこの場の盛り上がりを演出できるようになった。なおかつ今の今まで仲良く話していた人を、状況に応じて後腐れなく見捨てることもできるようになった。逆に、昨日一日一緒に歩いたおっちゃんが、私を見捨ててさっさと先に行ってしまっても、なんら精神にダメージがなく、平穏である。

おっちゃんの名前は何といっただろうか。いい人だったような気がする。あんまり知らない人は、みんないい人だ。四国遍路で出会うのは、だからいい人ばかりである。

さて、久礼から先、三十七番札所岩本寺《いわもとじ》へ向かうには、七子峠《ななことうげ》を越えなければならない。七子峠越えのルートには、三つの選択肢がある。そえみみず経由、大坂経由、国道の三つだ。国道は論外として、そえみみず、大坂のどちらを行くか考えた。

だが地図を見れば、考えるまでもなかった。

そえみみずは、標高293メートルの七子峠を越えるのに、いったん409メートルまで登って下りてくる。大坂はそんな無駄な労力は使わず、293メートル登るだけだ。よほど景色がいいのであれば、そえみみずを考えなくもないが、とくにそういうこともないらしい。大坂は雨によって途中の滝が増水し、通行できなくなることがあるようだが、昨日の雨ももう上がっている。迷わず、大坂を登った。

七子峠を越えると、のんびり歩いていくうちに窪川《くぼかわ》の町に入り、岩本寺まで早いうちに着いてしまった。まだまだ歩けそうだったが、急がない私は、ここで宿坊に泊まることにした。

十九日目　横浪〜土佐久礼　歩行距離22・0キロ
二十日目　土佐久礼〜三十七番岩本寺　歩行距離24・5キロ

ヘレナ

岩本寺の宿坊に、真珠のように白い髪の、恰幅《かっぷく》のいい西洋人女性が泊まっていた。アメリカはニューヨーク州在住のオランダ人で、名前はヘレナ。67歳。たったひとりで四国遍路にやってきた。日本語はまったく話せない。

なぜそんな女性がお遍路しているかと聞けば、別に深い意味はなく、スペインのサンチャゴ・デ・コンポステラの巡礼をやったとき、日本にも長い巡礼のトレイルがあると聞いて、来てみたらしい。宗教だの信仰だのに興味があるというより、単に歩いて旅をするのが好きなようだった。つまり、その正体はお遍路というよりバックパッカーであり、冒険心が旺盛な女性なのである。67歳で歩いている日本人はざらにいるから、その点では驚くにはあたらないものの、日本語がまったくできないというから、これはやはり相当な冒険だろう。

宿に電話予約することもできない、と彼女は外国人が四国遍路することの困難さを語った。いつもそのへんにいる日本人をつかまえて電話してもらうのだそうだ。ところが、

予約はとれても安心はできない。宿にたどり着けないのだと彼女は言う。日本人なら一目でわかる「民宿」とか「旅館」の看板の文字が、さっぱり読めないうえ、民宿も普通の家も外見は変わらないので、いつも通り過ぎてしまうのらしい。そうやってずいぶん難儀しつつ、それでもなんとか一番からここまで歩いてきた。

明日はどこまで行くのか、と尋ねると、20キロぐらい先の宿に電話予約を入れてくれないかと逆に頼まれた。それで話の行きがかりで、そのままふたり分予約してしまって、一緒に行くことになった。20キロという距離は、一日の行程としては短いけれども、うっかりするとずんずん歩いてしまう私には、かえってのんびり歩けるちょうどいい機会に思えた。

それにどういうわけか私は、日本を個人旅行している外国人に出会うと、ついかまいたくなるのだった。日本にいい印象を持って帰ってもらいたいとか、そんな大仰なことは思わないにしても、自分が海外旅行をしていて迷ったり悩んだり困ったりしたときのことを思い出すと、放っておけない。それに外国人から見た四国遍路がどういうものか、という点にも興味があった。

「日本を歩いてみて印象はどう?」と尋ねてみると、

「そこらじゅうに自動販売機があって、とっても助かるわ」とヘレナは答えた。なるほど。さらに「ご飯て、くっつくのね」と言って、何のことかと思えば、「ライスボールって何かと思ったわ」と、おにぎりの存在に感心したらしい。私は「ご飯は糊《のり》にも使われるんだ」と教えてやろうかと思ったが、糊の英語がわからなかった。

さらに「日本人はみんなマスクをしてるのね。風邪が流行《はや》っているの？」と訊かれ、あれは花粉症、と答えようとして、花粉症の英語もわからなかった。


さて翌朝七時二十分、宿坊を出発。

一日20キロしか歩かないというので、かなりのスローペースを覚悟していたら、ヘレナの歩きは速かった。通常の私のペースと変わらない。

「日本に来る前に、ドイツ人が四国遍路して撮影したドキュメンタリー映画を観たわ」と彼女は言った。最近英語版のガイドブックもできたそうで、海外における四国遍路の知名度も少しずつあがってきているようだ。

「その映画でこう言ってたの。『私は毎日迷ったわけではない。毎時迷ったのだ』。ふふ。今なら、その意味がよくわかる」

へんろ道では、分岐などに、お遍路さん用の標識が設置されていたり、シールが貼られていたりするが、どうかすると見落とすこともあるし、分岐があるのに標識がない場合も少なくない。さらに、日本語が読めないとなれば、その標識すらも読み間違う可能性があった。

へんろ道の標識は赤い矢印が多い。そのため、それがお遍路とは関係ないものであっても、赤い矢印があるとヘレナは無条件に反応してしまう。実際はお店の看板だったり、駐車場はこちら、と添え書きしてあったりして、日本人遍路なら決して反応しない類の矢印なのだが、外国人にはその違いが判別できないのだ。

「四国遍路は世界遺産になりたがってるみたいだけど、せめて英語の標識を整備してくれなきゃ、無理だと思うわ。それに英語で電話予約もできないんだもの」

とヘレナは言った。さらに、

「日本では学校で英語を教えてるんでしょ。それなのに、どうしてみんな話せないの？」

と辛辣な指摘で私を困惑させた。私だって学校で学んだし、もっと流暢《りゅうちょう》に話したいのであるが、なぜかうまく話せないのである。花粉症って英語で何ていうんだ。

「私、民宿を探すのが難しいから、できるだけ宿坊に泊まるようにしてるの。宿坊なら、見つけやすいでしょ。でも、七番札所で宿坊に泊まろうとしたら、外国人だからって断られたの。信じられなかったわ。英語が話せる人間がいないとかなんとか言ってたけど。宗教施設なのに、外国人を断るだなんてありえないわよ」

たしかにそれでは世界遺産登録は難しそうだ。

「あと、日本の民宿って、どうしてインターネットがないのかしら。今どきそんなの日本だけよ。ネパールの山奥でもインターネットはあったわ」

ヘレナはあれこれ訴えてくる。といっても、いたく憤慨しているというわけではなく、むしろ基本的には日本を気に入っているようだった。

「日本人はとっても親切。困っていると、どこでも必ず誰かが助けてくれるの。東京駅で道を訊いたら、その人、ぴゅーっと交番に飛んでいって、訊いてきてくれた。英語がまったく話せない人でも、私が困っているとなんとかしようとしてくれる。私がここまで歩いてこれたのも、いつも誰かが助けてくれたからなの。今は、あなたね」

ただ一緒に歩いているだけで、たいして親切をしているつもりもないが、日本語のできない彼女にすれば、私はずいぶん頼もしい存在なのだろう。

この日、20キロ歩いたところで海が見え、ちょうどそこが予約した民宿内田屋だった。大きな看板が出ていて、すぐに見つかった。時計を見るとまだ二時にもなっていない。ヘレナもちっともへばっていなかった。どうして一日20キロしか歩かないのか不思議に思ったが、内田屋の看板を見ていて、はっと気がついた。こんな大きな看板でも、ヘレナは読めずに通り過ぎてしまうのだ。20キロという歩行距離は、そうした迷う時間も含めて算出した数字なのだった。

宿は新しくて清潔なうえに、全室から海が眺められ、食事もうまくて料金も安いという、ここまで泊まった中でも一、二位を争う快適さだった。ヘレナは「やっぱり日本語が話せるといい宿が見つかるのね」とうらやましそうに言う。日本語とはとくに関係なく、リストにあった番号に適当にかけただけなのだが。ただしインターネットはやっぱりなく、「もう、あきらめてるわ」とヘレナは、それについては肩をすくめ、口をへの字に曲げてみせた。

翌日の道は、実に楽しかった。

しばらく見えなかった太平洋を左手に眺めつつ、国道を歩いていく。道のりはほぼ平坦で、白砂の広いビーチに出会ったり、大規模公園という名前の本当に大規模な公園を通り抜けたりして進む。

「ああ、私は今、日本にいるのね。ずっと来たいと思っていたの。本当に日本を歩いているなんて、ソー、アメージング！」

やはりそうか、と私は思う。旅における最大の感動は、今自分がここにいるという実感なのだ。それは西洋人にとっても、女性にとっても、年配の人であっても、そうなのだ。

私も、上機嫌だった。天気もいいし、眺めもいい。そしてなんだか愉快な同行者もいるうえに、何より、四国遍路三度目になる今回、ほとんどマメが出来ないのがうれしかった。おかげで毎日歩くのが、ちっとも苦痛じゃない。

思えば、あの靴屋の助言は正しかった。中敷きを変えただけで、これが同じ靴とは信じられないぐらい、快適に歩けるようになった。いつも初日から両足の小指にマメが出来ていたが、今では小指にマメが出来ることはなくなり、六日間歩いた現在でも、中指と薬指に小さいものが出来ている程度だ。それも、すぐに潰して水を抜き、さっさとテーピングしてそれ以上擦れないようにしているから、大きなマメが育つこともうなくなった。これまで、私ほどマメに苦しんでいる人を見なかったので、自分だけ特別皮膚が弱いのではないか、と落ち込んでいた。そうじゃない。問題は中敷きだったのだ。

長いビーチに沿って歩く

ヘレナ。見た目から想像する以上に歩くのが速い

そうして上機嫌なふたりは、レストランに入ってランチを頼み、チキンの煮込みが出ると、ヘレナは「ああ、フォークとナイフで食べるなんて、なんて素敵なランチなんでしょう」とますます活性化していくのだった。

「私、日本の食べ物では、ミソスープと、甘い豆のペーストが入った丸いパンが好き」

「それは、あんぱん、というのだ」

「オウ、アンパン、ソー、スイート！」

私は、コンビニであんぱんを買ってやり、ミソスープのレシピを教えてほしいと言われたので、インスタントのパウダーがあるからそれを買え、と教えてやった。ヘレナは喜んで、そんな便利なものがあるなら、どっさりお土産に買って帰るわと言った。

私は自分の母親ほどの年齢のこのおばさんを、ますます喜ばせてあげたいような気持ちになったけれど、しかし、一緒に行動できるのはこの日が最後で、四万十川《しまんとがわ》の河口に出たら、東京に戻らなければならなかった。

そこで、どれだけ役に立つかわからないが、へんろ道の矢印とそうでない矢印を見分けるため、へんろ道、遍路道などと、日本語で書いた紙を手渡すことにした。他にも、民宿、旅館、やど、などこれがゲストハウスを示す日本語だというのを列挙、さらに、食堂とか、食事とか、インターネットなんて日本語も書き足し、この先二泊分の宿の予約を入れてやって、四万十大橋で別れた。

「ありがとう。あなたがいなくなると、寂しいわ」

ヘレナは言った。社交辞令でないのがわかる。同行者があるとないとでは、彼女にとって心強さが全然違うのだ。このまま最後まで連れていってやりたくても、私にその時間はなかった。

ヘレナは「グッバイ」と言って、足摺岬へ向かって歩いていく。

ふり向いたら手を振ってやろうと思っていたのに、一度もふり返らずに行ってしまい、見送る私は少々手持ち無沙汰であった。

四国を二ヶ月で回るつもりだと彼女は言っていた。67歳のわりに健脚だから、途中大きく迷わなければ、二ヶ月もあれば十分だろう。

私は、四国遍路が済んだら、いつの日か、彼女が言っていたスペインのサンチャゴ・デ・コンポステラへの道を歩いてみたいと思った。私はろくに外国語が話せないが、行けばなんとかなるだろう。言葉は通じなくても、きっと誰かが私を助けてくれる。旅とは、そういうものなのだ。

二十一日目　三十七番岩本寺～土佐佐賀　歩行距離20・2キロ
二十二日目　土佐佐賀～四万十川河口　歩行距離24・0キロ

4章
宇和島駅から、今治駅まで

突然、宇和島から

宇和島《うわじま》のビジネスホテルに私は泊まっている。

前回のお遍路は、四万十川《しまんとがわ》の河口にかかる四万十大橋で終えたので、本来ならば、そこから歩くべきなのだが、目下私がいるのは四万十川でなくて宇和島である。今回は、宇和島から今治《いまばり》付近まで歩く心積もりだ。

そうなると徳島から始めた四国一周の旅が、一本の線で繋《つな》がらない。なぜ途中をすっ飛ばしたかというと、季節は今、五月なのだった。五月ということは、海で遊ぶには少々早い。そして、四万十川河口から足摺岬《あしずりみさき》を経て宇和島に至る海岸線は、遊ぶには実にいい海である。ということは、どういうことになろうか。答えは明白。足摺岬付近は素敵な夏に歩きたいということになるのではないか。

前回、大善寺《だいぜんじ》から土佐久礼《とさくれ》まで一緒に歩いたお遍路四度目という60代のお父さんが、四国遍路のクライマックスはやっぱりなんといっても室戸《むろと》と足摺で、松山以降の瀬戸内サイドは惰性、と言っていた。であるならば、私としては足摺の海を大切に味わいたい。

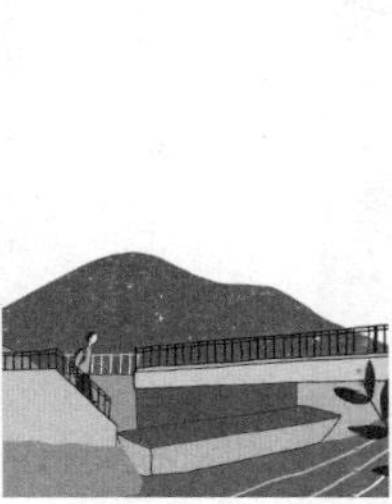

そうでなくても宇和島近辺から瀬戸内へ向かう北上ルートは峠が多く、クライマックスを終えてしまって、あとは惰性と思いながら越える峠道ほどつらいものはないだろう。楽しみな足摺は夏にとっておいて、先に苦しい峠越えの連続区間をクリアしておこうと判断するのに、ほとんど時間はかからなかった。

そんなわけだから、今は一本に繋がらない線も、夏になれば繋がるはずであって、何の心配もない。このように気分に応じて好きなパートを選択できるのは、区切り打ちならではのメリットである。

この連載が決まったとき、私は四国遍路全ルートを、距離を横軸に、標高を縦軸にとったグラフに描いてみた。

その結果、山越え峠越えの難所は大きく分けて、五ブロックあることがわかった。ひとつは最初にして最大の〝へんろころがし〟と言われる十二番札所《ふだしょ》焼山寺《しょうさんじ》、次が二十番鶴林寺《かくりんじ》、二十一番太龍寺《たいりゅうじ》の二連続登山、三番目が宿毛《すくも》から久万高原《くまこうげん》にかけて連続する峠群、そして四番目は西日本最高峰石鎚山《いしづちさん》への登山道でもある横峰寺《よこみねじ》、最後が八十八の札所中最高の標高を誇る雲辺寺《うんぺんじ》である。

今回その三番目の峠群を、宇和島から先、久万高原を経て松山まで越えようと思う。

東京から丸一日かけて宇和島に着くと、新鮮だった。

これまでは、前回たどり着いた場所からスタートしていたので、スタート地点はいつも見覚えのある場所だったが、今回はまったく見覚えがない。おかげで、徳島の霊山《りようぜん》寺《じ》から歩き出したときのような、まるで知らない場所にいるという心地よい所在無さを味わった。

所在無いというのは、実にすがすがしい感情だ。それは初めて来た場所で右も左もわからないというような場合に限らず、たとえばパーティーに呼ばれて知り合いがほとんどいないというようなときも、知り合いがいないからこそ、まるでヨットに乗ってひとり大海原に漕《こ》ぎ出したかのような爽やかさを味わうことができる。そのポツンと寂しい透明な味わいは、不安と緊張で冴《さ》えわたる神経とともに、自分の置かれた境遇に硬質な手応えを感じさせてくれるのだ。

宇和島はどういうわけか花の香りに満ちていた。駅前のロータリーに出た瞬間からそれは香って、いったい何の花だか正体が知れない。ただ南国に来たという実感だけが、鼻から全身をつき抜けていく。

おお、私は今、見知らぬ場所にいる。

そして、ポツンとひとりぼっちだ。なんと素敵なエキゾチズムだろう。

ナイス所在無さ！

私はのっけから旅の醍醐味《だいごみ》を実感したのである。

まずは県道57号を、龍光寺《りゆうこうじ》に向かうことにする。山の中ではあるけれど、車通りの

仔犬分譲中

多い単調な道。

五月ともなると、日差しが強く、少し歩いただけですぐに汗ばんできた。そんな道がゆるやかに上りながら5キロほども続き、つまらないつまらないと思いながら歩いていく。それがしばらくして県道をはずれて左に折れると、途端に静かになって、目の前にゆるやかな田園風景が広がった。同じアスファルト道でも、車通りがあるとないとではまるで気分が違う。

四国遍路を始めた当初は、へんろ道の9割がアスファルトと聞いて、大いに気持ちが萎えた私だった。だが今ではそのことにもずいぶん慣れ、アスファルトでも車通りが少なければ、結構楽しんで歩いている。もちろん土の道とでは、柔らかさ軽やかさが格段に違うけれども、景色がよくすがすがしい場所であれば、そんなことは忘れている。

アスファルト道といえば思い出すのは、室戸岬へ向かう前に出会った全身白ずくめの男性が、つらいのは歩道が傾いてるところ、と言っていたことだ。そのときは何のことだかわからなかったが、今では彼の言いたかったことが理解できる。

歩道が車道より一段高くなっている場所では、たまに道路脇の民家やガレージから自転車や車が出やすいように、歩道を傾斜させて車道への段差をなくしているところがある。当の自転車や車にすれば小さな坂に過ぎないが、それを横切っていく歩行者にとっては、それは左右に傾斜した斜面になる。高さにして十数センチの傾きと言えど、右足と左足のつく高さが違うというのは、実に歩きにくい。元気なときはまだいいが、疲れていると、上半身が傾斜に負けてよれよれし、そうすると足に必要以上の負担がかかって、うっかりすると、足首を捻挫してしまいそうになる。しかも、場所によっては、次々とそういう傾斜が頻発して、まるで歩道が波打っているかのごとき道があり、歩き遍路はおおむね疲れているから、波打つ歩道で、だいたいよれよれする。そうしてよれよれよれ車道のほうへ、歩き出てしまうのだ。

これはへんろ道における苦難の中では、比較的小さい部類に入る悩みで、当の歩き遍路本人も、過ぎてしまえば、すっかり忘れるレベルの話だが、今後何かの参考にならないとも限らないので、書きとめておくのである。

龍光寺、佛木寺《ぶつもくじ》を打ち、歯長峠《はながとうげ》を越える。

歯長という名前が面白く、いったい何のことかと思えば、かつてここに歯長と呼ばれた豪傑が庵《いおり》を結んでいたのだという。実際に歯が長い男だったようだが、歯が長いってどういうのだ。牙みたいなものが生えていたのだろうか。

標高は480メートル。真っ縦と呼ばれる神峯寺《こうのみねじ》や、七子峠《ななことうげ》よりも高く、鶴林寺、太龍寺に近い高度だ。

それなりにきつかったが、これはまいったというほどではなかった。峠を越えると、四十三番札所明石寺《めいせきじ》。お参りしてその麓、卯之町《うのまち》で宿をとった。

以前テレビのニュースで、古い木造の建物の長い長い廊下を、親子ふたりで雑巾掛けしながら、猛然とダッシュしている映像を見たことがある。ゼッケンをつけて、タイムを競っていた。雑巾掛けレースとか何とか言って、面白そうだったが、見たきり忘れていた。

それがこの日泊まった民宿に、たまたまポスターが貼ってあり、それがまさにテレビで見た雑巾掛けレースの告知だった。読めばそれはここ卯之町で行われているらしい。

廊下コースの全長は、109メートルあり、大会では親子の部、個人の部など種別があって、これまでの最高記録は地元高校生の出した18秒29。テレビの企画でオリンピック選手なども来て挑戦したが、この記録は破れなかったそうだ。たしかに、109メートルを18秒というのは、かなりの好タイムである。陸上競技の選手が普通にその距離を走れば、11秒内外で走るだろうが、スパイクを履いているわけでもないし、やはりこれはかなりの記録だ。そもそも普通はそんな体勢で109メートルも全力疾走できるもんじゃない。両手をついて走るのは、かなりハードなはずである。

100メートル走で県大会優勝というような経歴も悪くないが、この雑巾掛けレース

隣の木に殴られそうな大洲城

最高記録保持者というのは、かなり素敵な気がした。

どこへ出しても自慢にならないというか、誰も知らんというか、なんじゃそれと笑われるのがオチだったりして、相当速いんだけれども、馬鹿馬鹿しいというか、馬鹿馬鹿しいんだけれども、実際やってみると誰もかなわないという、そのあたりの按配《あんばい》が絶妙だ。馬鹿馬鹿しいことに全力を尽くし、その結果が他の追随を許さないという、そういう人生を私も送りたいものだ。時節が合えば、予選にエントリーしてみたい気がしたが、完走するどころか、途中で床にぺったりとへたってしまうにちがいなかった。

卯之町の次は、鳥坂峠《とさかとうげ》を越え、大洲《おおず》の町へ向かっていく。

大洲に入ると、肱川《ひじかわ》が大きく蛇行するその岸壁に、大洲城が美しくそびえていた。まったく聞いたこともない城だったが、これほど美しい城をなぜこれまで知らなかったのか不思議である。

よく見ると、天守閣の横に巨木が聳《そび》えていて、天守閣よりも背が高い。天守閣が木に負けていいのかと思うが、この城がまだ現役であった頃は、あの木もまだ背が低かったのだろう。あるいはあの木の中に殿様の秘密のツリーハウスがあって、天守閣はダミーであったのかもしれない。見るほどに天守閣よりその木が重要に思えてきた。

そのうちにだんだん木の形がボクシンググローブに見えはじめ、時が来れば天守閣を殴り倒すんじゃないかという気がした。

へんろ道をはずれて川沿いを行き、しばらくその変な眺めを堪能。その後交通量の多い大洲市街地を歩いて、番外札所である十夜ヶ橋《とよがはし》にたどり着いた。

ここは、弘法大師《こうぼうだいし》がその橋の下で一夜を明かした場所と言われ、国道56号の下に横臥《おうが》する弘法大師の石像がある。野宿する弘法大師像というのは、珍しいし面白いけれども、コンクリートの橋の下なので、まるで風情が無かった。殺風景な灰色の空間に無理やりはめ込んだような聖地で、そんな埃《ほこり》っぽい場所で般若心経を読んでいると、だんだん自分が滑稽に感じられてきた。

私はいったいこんなところで何をやっているのか。なぜコンクリートの下でお経を読まなければいけないのか。だいたい八十八ヶ所納経してそれが何だというのか。そんなことしたって何の意味もない。すべては幻想だ。弘法大師もお遍路も結局はファンタジーなのだ。

そう考えると、なにもかもが馬鹿馬鹿しく、であればこそ、是非ともこれは最後まで

あまりに風情のない野宿大師

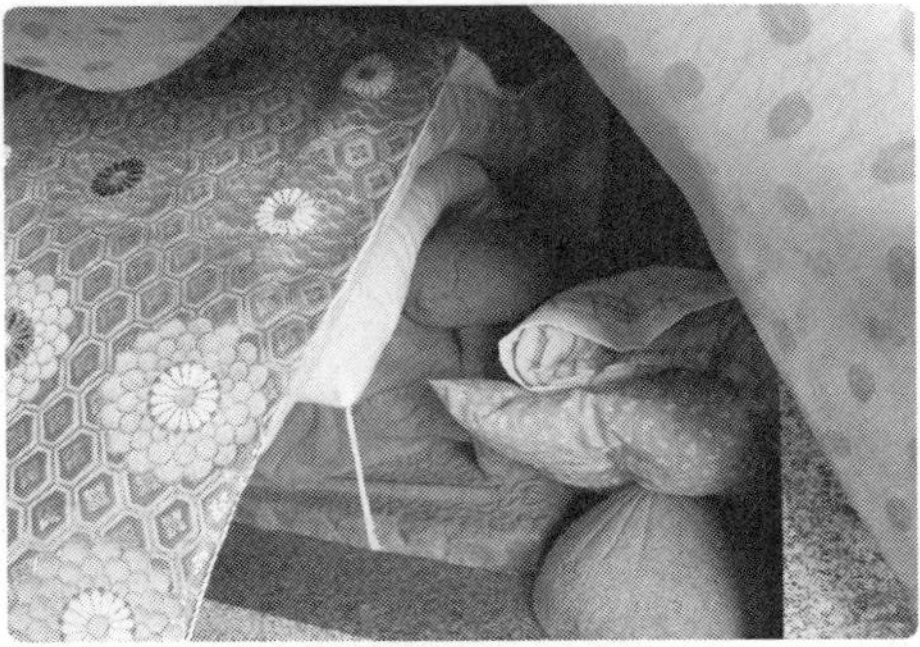

すごい量の布団で眠る

貫徹したいという思いが強まった。

私はもとから信仰心などなく、弘法大師が、行基《ぎょうき》だろうが一遍上人《いっぺんしょうにん》だろうが、それどころかカナダ駐日大使でもいっこうに構わない。重要なのは、四国を一周した実感、あるいは八十八ヶ所の朱印を揃《そろ》えるときの達成感のほうであり、そのような、心を過大に重視しない、むしろ行為のための行為によって、心よりもまず体にみなぎってくる充足感のほうを信じているのである。

二十三日目　宇和島～四十三番明石寺　歩行距離23・2キロ

二十四日目　四十三番明石寺～十夜ヶ橋　歩行距離24・1キロ

自立せよ、と標識は言った

十夜ヶ橋近くの民宿を発《た》って、久万高原へ向かう。

朝トイレに行ったらそれが和式で、長くしゃがんでいたために足がつりそうになった。ふくらはぎに重たい袋がぶらさがっていて、それが正しい位置にぶらさがってないような違和感がある。気持ち悪いのでアキレス腱《けん》を伸ばしてみるが、腱は伸ばせても袋は関係なくぶらぶらしている。仕方ないので、その見えない袋をぶらさげたまま歩き出した。

べつに痛くもないし、普通に歩けるが、なんか気になる。何かがぶらさがっている。しかしふり返って見ても、何もない。強度の振動を与えて振り落としてはどうかと思い、ザックを背負ったままドタドタ走ってみた。ドタドタドタドタ走っているうちに、この姿を見た誰かが、なぜあの男は走っているのかと推理したとして、和式便所に長くしゃがんでいたためにふくらはぎに袋がぶらさがっている感じがして気持ち悪いから、と正しく答える人はいないだろう、というようなことを考えた。このことから私は、人間の行動の意味を外見から判断するのは到底不可能なことだと思い、人を裁くことの難しさについて考えたり、裁判員に指名されませんようにと祈ったりしている間に、1キロぐらい進んでいた。

JR五十崎《いかざき》駅付近で、交通量が多くて歩いていてもちっとも楽しくない国道56号をはずれ、内子《うちこ》へのショートカットルートに入る。短い区間だが、これが気持ちのいい田舎道だった。小さな谷あいの畑に沿って歩くのだが、その土の道が広い。すぐに終わってしまったものの、国道の気疲れが一気に吹き飛び、ふくらはぎの袋もいつしか気にならなくなっていた。

内子に入る手前で、歩き遍路の男性に追いつかれる。

昨日、おとといと同じ宿に泊まっていた人で、夫婦で来ていた。奥さんは歩かず、車で観光地巡りなどをしながらついてきているようだ。

「車のサポートがあるから、重い荷物は持たなくていいし、毎日好きなところまで歩けるんで、楽させてもらってます」

とその男性は言った。そういえば、おとといの宿では四人組の年配男性がいて、三人が歩き、ひとりが車でサポートしていると言っていた。たしかに車があれば、宿がとれなくてルート変更を余儀なくされたり、途方に暮れたりすることがないからなかなか便利だ。もちろん便利で悪いことは何もない。楽させてもらっているとか後ろめたく思う必要などないように思えた。

内子から先、その人と一緒に歩いたり離れたりしながら、進む。

久万高原へ登るには、旧へんろ道である鴇田峠《ひわたとうげ》を越えるルートと、新道の農祖峠《のうそとうげ》を越えるルートのふたつがあるが、鴇田峠が標高790メートルあるのに対し、農祖峠は651メートル。農祖峠のほうが楽そうではあるけれど、トンネルはあるし、車道部分が長いので、私は鴇田峠を選んだ。その人も同じ考えのようだった。

790メートルは標高だけで言えば、焼山寺より高い。ただ車道が通っていて心強いうえに、ゆるゆると二日かけて標高を稼いでいけるから、さほどきつくはないだろう。

歩き遍路には年配の人が多いので、こういうことはあまり口にしないようにしているが、正直な気持ちを言えば、これまでに歩いた〝へんろころがし〟は、どこも私にとっては言われているほどきつくなかった。もちろん登りは体にこたえたけれど、延々登り続けるようなところはなく、本当にきつい部分はほんの少ししかないか、もしくはきつくなる前に登り切ってしまう。

それは私がとくに健脚だからではなく、本格的に山をトレッキングすることを思えば、荷物だって軽いし、低山ハイクかそれ以下のレベルとしか思えないからである。誤解を恐れずに言わせてもらうなら、〝へんろころがし〟など、どれもたいしたことはない。

ただ、60代ぐらいになってくればやはりそれは相当きついのかもしれず、また区切り打ちでなく通しで歩けば、感じ方が違う可能性がある。それで、偉そうなことは今まで言わないようにしていたわけだけれど、今回一緒に歩いた男性がやはり同じようなことを言っていた。しかもその人は60代であった。

案外みな同じように思っているのかもしれない。むしろつらいのは、〝へんころがし〟よりも、交通量が多くて歩道のない道だったり、長いトンネルのほうである。そういうわけなので、鶴田峠恐るるに足らず、と思っていたところ、男性は意外なことを言った。

「ここの峠越えで道に迷ったという話を読んだんですよ。それもふたりがそう書いてたので、それがちょっと不安ですね」

へんろ道には、へんろみち保存協力会の標識が整備されているから、迷うことはあまりない。ただ、それでもたまには標識を見過ごしたり、勘違いしたり、標識がなかったりして、道を間違うことがある。

以前七子峠付近で、前を歩いていた年配のお遍路さんが、標識がちゃんと出ているのに反対に曲がっていった。追いかけていって呼び戻したが、本人もこんなにはっきり標識が出ていてなぜ間違ったのか首をかしげていた。そういうこともあるので、迷うときは迷うのだ。

さらになんとなくであるが、徳島、高知、愛媛と歩いてくるにつれ、標識の数が少なくなってきているのが気になる。もちろん要所要所にはあるのだが、要所でないところにない。

徳島あたりでは、要所でなくても矢印のシールが貼ってあって、ああ、自分は正しい道を歩いているのだな、と安心することができたが、今では分岐にならないと標識がなかったりする。そうすると、たとえば道なりにまっすぐ歩いていけばいいだけというような場合に、いつまでも標識に出会わなくて不安になったりするのだ。徳島あたりでこれだけ長時間シールがないと、これはもう間違ったと判断するところだが、愛媛では普通である。分岐が現れて久々にシールに出会ったときには、思わず駆け寄って抱きしめようかと思うほどだ。

気のせいかもしれないが、標識のほうにも、このぐらいもう自分でわかるだろ、とこちらに自立を促しているような教えっぷりが感じられ、シールに描かれている赤いお遍路のキャラクターが、いつまでも私をあてにするな、とか、お前に教えるべきことはすべて教えた、とか、自分を信じよ、フォースを使うのだ、とか背中で言っているような気がする。

鴇田峠のような山道で迷ったら最悪である。翌朝、いよいよ山道にさしかかった私は、決して標識を見過ごさないよう、いつも以上に目を配りながら前進した。

札所以外で他の歩き遍路に出会うことは、そうそう多くない。道に迷った話を読んだという昨日の男性もどこかを歩いているはずだが、このとき私はひとりで林の中の舗装道路を登っていった。

鬱蒼《うっそう》と木立の茂る沢沿いの道で、不意にアルコールのような匂いがした。人家もなく店もなく、何もないのに、甘酸っぱい何かが発酵する匂いがあたりにたちこめている。

おやっ、と思ったのである。

誰かがそこにお酒をぶちまけたというような形跡があるわけでもなかった。しかも、その匂いは一瞬ではなく、しばらくの間続いた。

なんか変だな、と感じはじめたとき、すぐ身近で、ブォー、ブォー、と牛蛙《うしがえる》の啼《な》く声がした。

それはあまりに近く、私は思わず声の主を探したが、その声は道路横の岩壁から聞こえていた。壁に牛蛙がいるのだと思い、さらにその姿を探したが、見つからない。岩に手を触れられるほど接近しても、牛蛙は啼き続けていた。普通これだけ近づいたら、気配を消すために啼きやみそうなものだ。どこにいるのだろう。くまなく探したがやっぱり見つからない。よくよく声のするあたりを見たが、岩があるだけだ。明らかに声は岩の中から聞こえていた。

しかも耳を澄ませていると、声はひとつではなかった。何匹もの牛蛙が、岩の中で啼いていた。

岩に空洞があるのかと、今度は穴を探してみたが、それも見つからなかった。ひょっとして、牛蛙は中に閉じ込められているのかもしれなかった。オタマジャクシのときに中に入り込んでしまい、そのまま成長したのではないか。しかし、同じ岩壁に何匹も閉じ込められるものだろうか。

わけがわからない。

私は、泉鏡花の「高野聖」を思い出した。

山中で美しい女に想いを寄せたばっかりに、動物の姿に変えられてしまった男たち。この牛蛙たちも、そうやって姿を変えた歩き遍路のなれの果てなのではないか。周囲にたちこめている酒の匂いに誘われて、ついその酒を見つけて飲んでしまい、牛蛙の姿に変えられてしまったのだ。

って、もちろんそんなことを信じてはいないけれど、夕暮れ時にここを通ると、ずいぶん不気味にちがいないと思ったのである。

やがて舗装道路が終わり、山道に入ってしばらく登っていくと、突然木立を割ってコンクリートの擁壁が現れた。

それは右横手から前方にかけて斜めに進路を遮っていた。その手前に標識があり、右横すなわち擁壁のほうを指している。しかし道はどちらかというと直進し、右手から擁壁がすり寄ってくる感じでその下に至り、そこから擁壁に沿って、私を左前方へ、つまり標高の高いほうへ導いていた。まさか擁壁は登れないし、道は他にないのだからそれを行くと、道は高度を上げてすぐに擁壁の高さに迫り、擁壁は相対的に登れるぐらいになって、その上に林道が走っていた。普通に考えると、どこかで林道にあがって、そのまま林道を行くのが正解のように感じられた。

しかし、私は、最初の標識が引っかかった。

標識はまさに擁壁を指していた。標識から擁壁までほんの5メートルほど。擁壁にぶつかった道は左へ、つまり標高の高いほうへ向かうが、標識が右を指しているその指し方が、あまりに擁壁と直角である。まるで擁壁を登れとでも言っているかのようなのだ。それでも他に道はなし、導かれるように林道にあがって、そのまま林道を登っていこうとして、ふと何の気なしにふり返った私の目に、新たなる標識が飛び込んできた。それは、林道を少し戻った位置から、木立の中の山道へと導くものだった。

おお、なんということだ。ここでふり返らなければ、このまま林道を登っていたぞ。危ない危ない。

その新たな標識は、まさに擁壁の上の林道の、先ほど右手を指していた標識の延長上にあった。といっても擁壁の下からは見ることができない。

つまり歩き遍路は、この右を指した標識を意識して、その方角を忘れないようにして擁壁にあがらなければならない。そうしないとそのまま林道をへんろ道だと信じて、登っていってしまう。

ここではないか。

ふたりの人が迷ったと何かに書いていたその場所は。

徳島あたりとちがい、標識の数が少なめになって、自分で判断する場面が多くなっていた矢先である。男性が何かで読んだという、その迷った人は、まあ、合ってるだろうと独自の判断で、ふり返らずに行ってしまった可能性はないか。

迷ったのが果たしてここだったのかどうか確証はないが、あらかじめそんな話を聞いて慎重になっておいてよかった。

標識

山

標識から自立しすぎるのも考えものなのであった。

二十五日目　十夜ヶ橋〜内子町落合トンネル　歩行距離29・4キロ
二十六日目　内子町落合トンネル〜国民宿舎古岩屋荘　歩行距離24・9キロ

凄い地形の寺、木漏れ日の寺

鴇田峠を越え、久万高原の町に着いて四十四番札所大寶寺《だいほうじ》を打ち、さらに四十五番岩《いわ》屋《や》寺《じ》へ向かう。

途中、八丁坂と呼ばれる標高差にして160メートルの急登があるが、例によってそれほどのことはない。一歩一歩しんどい瞬間はあっても、全体としてエクササイズだと思っているうちに、登り切ってしまう。

このルートを通ると、岩屋寺には正門からではなく、背後の山から裏口を通ってのアプローチになる。切り立った岩の間の斜面を下っていくと、なにやら寺の気配がしはじめ、梵鐘《ぼんしょう》の響きも聞こえてきた。

岩屋寺の背後の山には、逼割禅定《せりわりぜんじょう》という行場《ぎょうば》があって、それはふたつの巨岩がそそり立つその間の隙間を登って、岩の上にある白山大権現をお参りする。危険なため、納経所で鍵を管理していて、勝手に中に入れないようになっている。

私としては是非トライしてみたいところだったが、寺の背後からアプローチしたために納経所に寄る前に、逼割禅定に出てしまった。

岩峰に挟まれた狭い通路に門があり、案の定鍵がかかっていた。その奥で鎖だか縄を伝って登るわけだろう。登りたければ、いったん納経所まで下りて鍵を借り、それからもう一度登り返して挑戦しなければならない。また登ってくるのは面倒だなと思いつつ、岩屋寺へ下りた。

四十五番札所岩屋寺は、四国遍路八十八の札所の中でも、独特な寺である。急峻《きゅうしゅん》な岩峰がいくつもそそり立ち、まるで仙人でも住んでいそうな山水画ふうの気配が漂っている。とても梯子《はしご》なしでは登れないような岩場の高いところに、窪《くぼ》みや窟《いわや》があって、かつてはそこにも修行者がいたというから、シルクロードの敦煌《とんこう》や麦積山《ばいせきざん》などで見られる石窟寺院を思い出した。平地だったり、町なかにあったりする多くの札所に比べて、ここには霊場としての威厳のようなものがたしかに感じられる。

実はお遍路を始める前、ガイドブックの写真を見て、一番興味をそそられた札所がここだった。

聖なる場所、聖地というのは、縁起や故事、来歴いろいろあろうが、基本的に地形なのだと思う。凄《すご》い地形、目立つ地形、特徴的な地形、他では見られない地形、そういうところが聖地になる。たとえばどこどこの聖者がここで説教をしたとか、王が死んだとか、そういう聖地もあろうが、それはあくまで人間の頭の中でこしらえた理屈である。その来歴を知らなければ、そこに聖性を感じることはないだろう。一方、凄い地形があ

あんこう岩と個人的に命名

岩屋寺本堂横の顔のような岩壁

ると、誰が決めたわけでもないのに、自然発生的にそこは聖地になる。人間はそこに人知を超えた何かを感じ、その場所に身を置くことで、何らかの回路が開かれるような気がするものだ。

　そうだとすれば、特定の宗教者、開祖などを信じて、いいように利用され、原理主義や教条主義に走って、テロリストだの破壊者だのになるより、地形を崇《あが》めるほうがよほど健全ではないだろうか。何かを信仰したいなら、地形にしておけばいいんじゃないか、というようなことを考えた。

　そんなわけで岩屋寺が大変気に入った私だけれども、納経所で鍵を借りて逼割禅定までまた登り返そうという気力はなかった。かわりに本堂下に穴禅定があったので、真っ暗い洞窟の中をひとりで奥まで歩いて、不気味な気分になって帰ってきた。穴も地形のひとつだけど、全然信仰したくならなかった。

久万高原の四十四番、四十五番を打ったあとは、三坂峠《みさかとうげ》を越えて松山へ向かう。岩屋寺からしばらく下ったところで、住吉神社近くからまず千本峠を越えるが、ガイドマップにはこの道は五月から十一月にかけて、草木が生い茂って通行困難というようなことが書いてあった。すでに五月の中盤を過ぎていたが、これを通らなければトンネルを歩くはめになるので、突入する。

たしかに草木が繁茂して、道がわかりにくいところもあったが、たいしたことはなかった。

それより、あまり通行者がいない道では、蜘蛛《くも》の巣が嫌である。顔や手に、やたらからみついてくる。

はっきりとネットのように張った蜘蛛の巣なら、事前に発見して避けることができるが、そういう本格的なものではない、一本だけ空中にたなびいているような蜘蛛の糸がある。そういう糸は事前に見えないため、安心して歩いていると、突如、にぺ〜っと額や鼻先に漂着するのである。

できれば即座に排除したいにもかかわらず、あまりに細いために目で確認することもできない。指で捕捉することもできず、それでもとにかく鬱陶しいから、手で顔面をわしゃわしゃかき混ぜて、一時凌《しの》ぎにする。それで不快感はなんとなく治まるが、きちんと全部取れたかどうか心もとなく、むしろ顔一面に塗りたくってしまったんじゃないかという気もする。

金剛杖《こんごうづえ》があればいいと思うのはこういうときだった。自分の正面にかざして歩くことによって、蜘蛛の糸は、私のかわりに金剛杖の正体である弘法大師にからみついてくれるはずである。蛇を撃退するのにも役立つというから、金剛杖は、案外持っていてもよかったのかもしれない。

千本峠をクリアして、しばらく国道を行き、三坂峠を越える。

山道を下りはじめたところで、一気に眼下の展望が開けた。

おおっ、と思わず声が出る。

こんなにも登ってきたのか。

ここまで、鴇田峠を登り、久万高原に入って、さらに三坂峠をじわじわ登るうちに、ずいぶん高い地点に到達していたらしい。標高およそ700メートル。眼下に見晴るかす風景は、予想以上の高度感があった。

感動したのはそれだけではない。

森が、山が、夏々しかった。

セミが鳴いている。そして咲き乱れる赤やオレンジや青、黄色、紫といった派手な色の花々。キツツキが樹を突いているところを、生まれて初めて肉眼で見た。

チビチビと惜しむように、谷あいの道を下る。さっさと歩いてしまいたくなかった。しばらくこのまま、この身を山に浸していたい。

四国遍路に来てよかったと思うのは、こういう道を歩いているときである。

おお、私は、今、ここにいる!

四国に来て、決まり文句となりつつあるフレーズを、またしても口にしたくなった。


この先へんろ道は、ゆるやかに高度を下げながら、やがて松山市の市街地へと歩き遍路を導いていくが、松山市に入るまでの間に、いくつもの札所を通過する。

四国遍路中には、たとえば一番札所霊山寺から十番札所の切幡寺《きりはたじ》までとか、十三番大日寺《だいにちじ》から十七番井戸寺《いどじ》のように、札所が密集して、一気に朱印が稼げる区間があって、四十六番から五十一番もまさにそのような集中スポットになっている。

その最初にたどり着く四十六番札所 浄瑠璃寺《じょうるりじ》の隣が今夜の宿だったので、浄瑠璃寺でゆっくり過ごした。

大きな札所ではないし、これといった特徴もないような寺だけれど、私はここが気に入った。歩き遍路にとっての寺は、目的地でもあり、長い旅を区切る節目でもあり、そして何より休憩所である。納経したら休憩しないでスタスタ先を急ぐ人もいるが、多くの歩き遍路は、いったん休む。

この日、ギラギラと日差しが強かったせいか、浄瑠璃寺は、どことなく東南アジアの庭のようだった。本堂や大師堂が隠れてしまいそうなほど植物が繁茂し、境内全体を薄暗く覆っている。小さな木のベンチに座って見上げると、もみじの葉が熱い日差しを防いでくれていた。寺全体が木漏れ日の中にあるのだ。

私は一番札所の霊山寺を思い出した。

あの寺も本堂前に樹が生い茂ってトンネルのようになっており、その奥に神秘的な本堂があんぐり口を開けていた。そこへ吸い込まれるようにして、この四国遍路は始まったのだ。

木漏れ日の境内

あのときは、いったいどんな旅になるんだろうと、あれこれ想像したものだが、想像した中身はすっかり忘れてしまった。四国遍路の実態を知らないとき、私はそれをどんなものだと思っていたのか、もうさっぱり思い出せない。なぜ四国遍路をしようと思ったのか、その理由も思い出せない。

人は充実の中にあるとき、なぜこうなったかとか、そんなことはいちいち問わないものだ。ただ、今ここにこうしていてそれでいいという状態、まさしくそれが今だという気がした。

ところで、この浄瑠璃寺で面白いのは、さまざまなご利益石だ。裸足《はだし》で踏むと健脚になれるという仏足石や、心身堅固と文筆達成に効く仏手花判《ぶっしゅけはん》（ほとけの指紋）などが、樹々の間に紛れてある。

文筆達成と聞くと、黙ってはおれないので、その石を思わずどかどか撫《な》でさすった。仏の指紋は、指紋というよりなんだか暗号のように見えた。

この日の宿で、多くの歩き遍路と話をした。

みな60代から70代で、私などは若者扱いである。

今六周目で逆打ちの最中という70のおじさんは、何を話していても実にうれしそうで、四国が好きで好きでたまらないといった様子だ。歩き遍路にはそういう人が多い。「結《けち》願《がん》すると寂しくてね、また回りたくなるんだよ」と言う。

そのおじさんによれば、この先、松山から今治までの海岸線は、瀬戸内海でももっとも景色のいいところだから、楽しんで歩きなさいとのこと。それを聞いて私はがっかりした。瀬戸内側でも、一番いい場所が最初に出てきてしまうらしい。以前、太平洋側が済んだら後は惰性と言われて、つまらない気がしていたところなのに、今後、先へ進めば進むほど盛り下がっていくようで、気力が萎える。

そんなことなら最初から逆回りを標準設定にしておいてもらいたい。そうすれば、歩くほどにだんだん風光明媚《ふうこうめいび》になって、楽しいではないか。

だがまあ、果たして本当にこの先がつまらないのかどうかは、行ってみなければわからない。少なくとも風光明媚ではなくなっていくのは確かなようだが、あるいは別の面白さがあるのかもしれない。

二十七日目　国民宿舎古岩屋荘〜四十六番浄瑠璃寺　歩行距離26・6キロ

石手寺は、それでいい

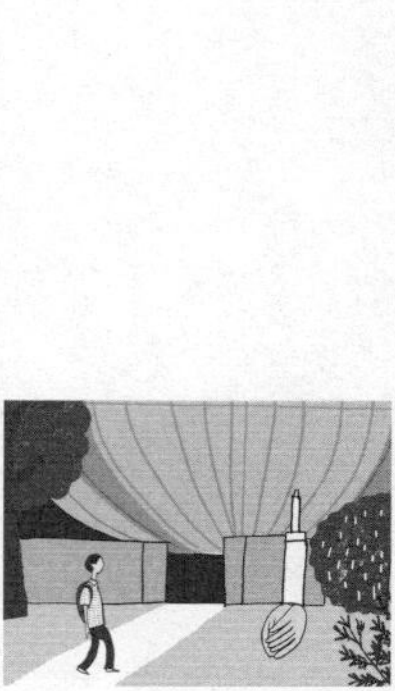

浄瑠璃寺横の宿を出立してすぐの、四十七番札所八坂寺《やさかじ》は、個人的に思い入れをもって巡拝した。

というのは、私にとってはここが、八十八の札所のうち、ちょうど半分の四十四番目となる寺だからだ。普通なら四十四番札所大寶寺で半分になるところだが、私は足摺岬から宇和島の間の三つの札所をとばしているので、44に3を足して、47が半分である。距離的にも半分なのかどうかわからないけれど、ここまで来ると、だいぶ私のお遍路も板についてきた。スタートした当初は、全部歩きぬこうと気負ってしまうと、それにばかり固執して途中寄り道や観光ができないのではないかと懸念し、なるべく歩き通さないほうがいいのではと逆説的な計画を検討したりしていたが、ここまで歩いてきたことで、もうそろそろ好き勝手にやってもいいんじゃないかという気持ちの余裕が生まれてきた。歩いたって歩かなくたって、もうどっちだっていい。マメ問題もほぼ克服したし、体力的な不安もなく、区切り打ちなら、歩きぬくのはさほど困難なことには思われない。

むしろ今気にしているのは、後半だんだん町歩きの割合が増えて、風光明媚でなくなっていくことへの不安で、もし実際そういうことであるなら、今後はますます自由に寄り道して、町歩きの退屈さを紛らさなければならないだろう。


今日の行程は、五つの札所を打って、松山市内まで歩くことだった。

私はここまで、あまり札所のことを書かないできたが、それは、私にとって四国遍路は、信仰というより観光であり、重要なのは札所よりも道、という気持ちが強かったからである。

その考えは今も変わらないが、札所を軽視する必要もまたないという気持ちが、今では芽生えている。

これまでにも何度か引用している仏教民俗学者五来重の『四国遍路の寺』という本を読むと、八十八ヶ所の成り立ちについて、その多くが弘法大師とは関係なく、縁起や伝説もたいていの場合、真偽のほどは疑わしいと書かれてある。

たとえば、鯖大師《さばだいし》が、弘法大師でなく行基に由来するというだけでなく、鯖というのも実は生飯《さば》のことだったとし、有名な、弘法大師の鉢を叩《たた》き割ったがために、八人の子供が次々に頓死してしまった強欲な長者衛門三郎《えもんさぶろう》の物語も、そういう人物が実在したとは考えられず、そもそも衛門などという苗字《みようじ》がおかしいので、それは○○衛門という名前だったはずだと分析している。つまり衛門三郎は、○○衛門、○○三郎のふたりの従者がいたのが、いつしかそのようなエピソードにすりかわったというのである。

しかし、だからといって四国遍路はデタラメだと言いたいわけではなく、そこには当時の人々のさまざまな想いや願いが重ねられており、それが結晶したものがお遍路なのだという。その意味では、真実が捻《ね》じ曲げられているというより、その捻じ曲がりの背景にこそ、心の真実があるとも言えて、そうした成り立ちの俗っぽさがむしろ愛すべきものに思えてくる。

仏さまなんて本当はいない、と考えるよりも、仏を信じてそれにすがった人々の思いが札所という形になっている、と考えると、それはかえって親しみやすく温かいものに思える。人々が切実に何かを願ったからこそ、四国遍路は生まれたのである。

八坂寺の境内に、小さな閻魔堂《えんまどう》があって、その両側に、トンネルのようなものがあった。片方は「地獄の途《みち》」で、もう片方は「極楽の途」と書かれていた。ほんの3メートル程度の内部を通過すると、壁にそれぞれ地獄絵や極楽の様子が描いてある。ものとしては、ただそれだけで、両方歩いて一分とかからない。

お遍路さんの多くは、ほとんど気にも留めないか、もしくはチープで俗っぽくて神妙な感じのしないそのつくりに顔をしかめたりする人もあるかもしれない。

けれど、こういった周辺的なものが、むしろ札所の味わいであるような気が私にはする。

本尊を拝み、本堂や大師堂の文化的な価値に感心するのもいいけれど、どこか厳かでない、勢いで作ってしまったようなものや、自然発生的にできた得体の知れないもの、俗っぽいものなどが、四国遍路が生きた巡礼地である証《あかし》のように思うのだ。

この日、四十八番西林寺《さいりんじ》、四十九番浄土寺《じょうどじ》、五十番繁多寺《はんたじ》と打って、五十一番石手寺《いしてじ》に到着すると、そこもまさにそのような周辺的なものに埋め尽くされた、得体の知れない寺であった。

石手寺は、四国八十八ヶ所の中でもクライマックスのひとつと言える大きな寺で、その名は、まさに衛門三郎のエピソードに由来する。

弘法大師の鉢を叩き割ったせいで、八人の子供が次々と死んでしまった長者、衛門三郎は、心を入れ替え、弘法大師を追って四国を巡る旅に出る。そして死ぬ直前にようやく弘法大師に再会し、懺悔《ざんげ》する。死にゆく衛門三郎に、大師が来世はどうしたいかと尋ねると、伊予《いよ》の河野《こうの》氏に生まれ変わりたいというので、大師が衛門三郎と書いた石を授けると、河野家に、手にその石を握った子が生まれてきたという。

その石が、宝物館に展示されていた。

ちょうどニワトリの卵ぐらいの大きさだろうか。握り心地のよさそうな石だった。赤ん坊が石を持って生まれてくるなどありえない話で、仮にどうしてもそうだというなら、それは胆石みたいなものじゃないかと思うが、その胆石に衛門三郎って名前が書いてあったのである。そんなありえない石を、しゃあしゃあと陳列している面白さ。

この石手寺は、そもそも門前から正体不明だった。

仁王門に向かう手前の交差点付近に、櫓《やぐら》が立っているのだが、そこに木彫りの人形が何体も乗っかっていて、それが仏教というより南の島の民芸品みたいな代物なので、すぐそばの売店であの木彫りは何ですか、と尋ねてみたところ、さあ、なんなんでしょうね、と店員も首をかしげていた。

他にも、渡ると足が腐る「渡らずの橋」とか、本堂前にある、妙にムチムチした金色の巨大な五鈷杵《ごこしょ》とか、鞠《まり》がいっぱいぶらさがっている絵馬堂とか、勢いで作ったもの満載。

なかでも出色だったのは、本堂の背後にあるマントラ洞窟だ。

洞窟の内部には、壁面に仏の絵が描かれ、壁面だけでなく、趣味で描いた油絵のようなものも置いてあったり、石仏が並んでいたり、民芸調のさまざまな仏像が置いてあったりして、他の寺でも胎内くぐりや穴禅定みたいなものはあるけれど、ここのは手作り感いっぱいで、かえって不気味度が増しているように感じられる。

洞窟は二方向に通じていて、ひとつは大師堂に出、もうひとつは寺の裏の道路に出る。道路に出ると、小山の上に大きな大師像が立っているのが見えた。さらに、道端にはエレキギターを抱えた神様みたいな像があって意味不明。横には「たのしい石像達」と彫られたオニギリ形の石があったりして、お遍路としては、困惑する一方である。

奥の院と称した五百羅漢堂があったので行ってみると、それは金色の丸いお釜みたいな建物で、手前に仏さまの手の彫像があり、手のひらの間にビー玉がどっさり詰まっていた。金銀財宝のイメージだろう。

羅漢堂に入って階段を登ると、球形の部屋に、ぐるりと、ここも民芸調の五百羅漢が並んでいた。わからないのは、ところどころに赤いソファが置かれていることで、おそらくはそこに座って見物できるようにという配慮なのだと思うが、ソファも五百羅漢側にあって、座ると自分も五百羅漢の一部になってしまうのだった。

愉快というか、サービス精神旺盛というか、旺盛だけど空回っているというか、どこまで本気なのか、さっぱりわからない石手寺である。

だが、そうはいっても、由緒正しい八十八ヶ所の中でも、とりわけ有名な札所であるし、仁王門は国宝だったり、重要文化財もいっぱいあったりするから、われわれはいったいどういう態度で、五百羅漢堂のソファに座ればいいいか。実に複雑な心境だ。

ただ、そういう聖なるものも俗っぽいものも一緒くたになっているところこそ、四国遍路の面白さであり、それが今も生きている証だと言えるのではあるまいか。幾分、厳かさに欠けているとしても、こういう札所があることで、お遍路がかえって楽しく身近に思えるなら、むしろいいことじゃないかと思った。

私は山門で一礼して境内にあがり、本堂にお札を納め、般若心経を読んだ。

ろうそくも線香も省略した我流のエコノミー方式であるが、まったくそれでいいと思っている。さらにお賽銭《さいせん》も小銭、それも小銭中の小銭たる一円玉だったりすることもあるし、もっと言えば、手水《ちょうず》で手と口を清めるのを忘れることもある。にもかかわらず、願いだけはあれもこれもと欲深かったりするから、これほど身勝手なお遍路はないような気もするけれど、そんなこともやっぱりどうでもいいと思っている。

いっぱい歩いて、時々面白い札所に出会う。

そうやって愉快に、四国を一周できればそれで十分である。

二十八日目　四十六番浄瑠璃寺〜道後《どうご》温泉　歩行距離14・6キロ

石手寺の櫓。民芸調の何者かが乗っていた

五百羅漢への入り口

ムチムチした五鈷杵

わからない

さっぱりわからない

全然わからない

さらば、ジャングル風呂

今回、宇和島を出発して、今治まで歩くにあたっては、途中松山で一日休憩しようとあらかじめ決めていた。せっかく松山まで来たのだから、少し観光しようという魂胆である。

主な目的はふたつ。

ひとつは砥部《とべ》へ行って、湯呑《ゆの》みを買うことである。自宅の湯呑みが割れてしまったので、松山に近い、焼き物の町砥部に立ち寄ってみようと考えた。それでバスに乗って出かけたのだが、あいにく気に入った湯呑みを見つけることができず、手ぶらで戻ってきた。だから、それについて書くことはべつにない。

そしてもうひとつ、松山に滞在したのは、むしろこちらが真の目的で、温泉に入るのが狙いである。

といっても、有名な道後温泉ではなく、奥道後温泉だ。

私は温泉にあまり興味がない。昔は風呂にも興味がなかった。本来風呂は体を洗うために入るもので、シャワーがあればそれで十分だと考えていたからだ。最近は中年にな

ったので、熱い湯に浸《つ》かって、無為な時間を過ごすのも悪くないなどと妥協の心が芽生えてきたが、それだって家の風呂で全然構わないので、わざわざ金を払って温泉に行ったりする人の気が知れない。

そんな私が、なぜ奥道後温泉なのか。

実は奥道後温泉には、おそらく日本では最大規模ではないかと思われるジャングル風呂があって、そのジャングル風呂に入りたい。温泉に無関心な私が、唯一、金を払ってでも入りたいのが、ジャングル風呂なのである。

だって、ジャングルなのだ。ジャングルで風呂。

なぜかはわからぬが、ドンドコドコドコ、血湧き肉躍るではないか。

もちろんここで重要なのは、ジャングルであって、風呂よりそっちに力点が置かれているわけだけれど、ただジャングルの雰囲気を味わいたいというだけなら、植物園の温室にでも行けばいい。しかし温室には柵があったり、順路があったりして、ジャングルとの一体感があまりない。その点、ジャングル風呂は、裸でジャングルの中に身を沈めるという、これがもし本物なら、クロカイマンか、ピラニアにでも食われて、生きては帰れぬほどの大冒険である。

調べてみると、奥道後温泉のジャングル風呂には、ジャングルの中に全部で26もの風呂があるらしい。実に面白そうだ。そういうことなら、ジャングルをかきわけかきわけ、すべての風呂を制覇したい。

そんなわけで道後温泉駅から、バスに乗って出かけた。

奥道後というからには、山奥のような場所をイメージしていたが、バスはニュータウンを通ったりして、決して山奥でも鄙《ひな》びた温泉でもなかった。古くからあるホテルが建っていて、ジャングル風呂は、その横から谷底のほうへ階段を降りていった先にあるようだった。

奥道後温泉がいつからあるのかは知らない。しかし、私が小学生のときにはもうその存在を知っていたから、だとすると、もう三十年以上前からあることになる。

ジャングル風呂へ続く階段の周囲には、昭和のかおり漂う売店やゲームコーナーがあって、つまるところ寂れていた。実に心配な風情だ。それでもジャングル風呂だけは、まだ客が入っているようで、番台周辺は活気づいていた。

さっそく金を払って、男湯に入る。

男湯は「せせらぎ」で、女湯は「かわせみ」と名づけられていた。「せせらぎ」には12の、「かわせみ」には14の風呂があって、合計26になるらしい。

そうか——26風呂全部制覇しようと思っていた私の考えは甘かったようだ。男湯には12しか風呂がないのだ。

ただ、日替わりで男女が入れ替わるらしいので、明日も来るなら、「かわせみ」の14も制覇できる。どうしたものか迷いつつ、とりあえず「せせらぎ」の12風呂攻略を開始する。

ところがである。更衣室の大きなガラス窓から「せせらぎ」の全貌が見えた瞬間、私は思いっ切り落胆した。

ジャングルがない！

目の前に広がるのは、倉庫跡もしくは屋内バッティングセンターといった感じの空間で、たしかに椰子《やし》の木などがポツリポツリと生えているが、ジャングルというほど鬱蒼とした森ではなかった。それどころか、木立とすら呼べず、木が生えていますね、といった程度である。ジャングルの奥深く、どんな病もたちどころに癒すという神秘の秘湯目指して決死の大冒険をするつもりであった私は、スカスカの大空間を素っ裸で歩いて、なんだか露出狂になったようなうそ寒い気分を味わった。

もっと、滝あり沼ありの、ひとたび道に迷ったら、脱出するのに三十分はかかるみたいな、そういう風呂になぜしないか。それこそがジャングル風呂の醍醐味ではないか。

滝といえば、打たせ湯があったので入ってみたが、お湯が中空に突き出した塩化ビニールのパイプの先から出ていたりして、ハリボテでもいいから、滝っぽくしてほしかった。

それでも私は、当初の計画通り12の湯すべてを制覇すべく、歩き回った。露天風呂あり、どくだみの湯あり、冷泉あり、ぬるい湯あり、サウナありで、後は何があったかな。半分ぐらいは、全部普通の湯であったような気がするが、あるいは微妙に成分が違ったのかもしれない。私としては湯の成分がどうこうというより、風呂ごとに情景が変わってほしかった。たとえば洞窟だったり、川のように流れていたり、花に囲まれていると か、蒸気でまわりが見えないとか、何か魚が泳いでいるとか、渦が巻いているとか。しかし、露天以外は、全部同じ空間にあって、どれも似た感じである。

これでは、ただ浴槽がいっぱいあるだけじゃないか。

違う！　私のジャングル風呂はこんなんじゃない！

おおいに不満を残したまま体を洗って退出した私だ。せっかくお遍路を一日休んでまで出かけたジャングル風呂なのに、これでは虚《むな》しすぎる。

ホテルに戻って、考えた。

かつては、日本のあちこちにもっとジャングル風呂があったのである。子供だった私は、ジャングルの中に風呂という、わけのわからないシチュエーションにいたくそそられ、いつの日か探検しに行きたいと憧れていた。それが中年の今となって、ようやく叶《かな》ったと思ったら、すでにジャングル風呂の時代はとうの昔に終わっており、奥道後温泉が日本で最大規模といっても、他にないから最大なのだった。そしてそれはつまり、ここがダメなら、もはやジャングル風呂という悦楽を味わうのは困難ということでもある。

今日は女湯になっていて入れなかった「かわせみ」も、きっと「せせらぎ」と似たようなもので、ジャングル感はほとんどないだろう。当初の期待はもはや完全に打ち砕かれた。26の風呂全部を制覇したいという気持ちは、もうどうでもよくなってしまった。

ああ、ジャングル風呂！

ついに叶わぬ夢となってしまったか。

ジャングルで、風呂。

そのめくるめく迷宮感を、一度でいいから味わいたかった。

と——そのとき私は思った。

ところでたしか「かわせみ」には、14の風呂があるといってなかったか。「せせらぎ」は12で、「かわせみ」は14。この2の差はいったい何だろう。

「かわせみ」にだけしかないこのふたつの風呂が気にかかる。何であれあまり期待できない気はするが、その正体を知らぬまま、ジャングル風呂への愛を清算してしまうのは、小骨が喉に刺さったような後味の悪さがある。

松山での休養は一日のつもりだったが、明日の朝、「かわせみ」に行ってみよう。先を急ぐ旅ではなし、お遍路の再開は、午後からでいい。

そう心を決め、翌朝私はふたたびバスに乗って「かわせみ」に向かった。

入ってみると、案の定ジャングル感は全然なかったが、それはもはや織り込み済みだ。

懸案のふたつの風呂は、ひとつは足湯で、大きな甕《かめ》の中に足を浸す仕組みになっていた。「せせらぎ」に足湯はなかったから、ちょっと新しい。そしてもうひとつは、天国と名づけられた風呂で、浴槽の底が傾いていた。

浴槽の底が傾いていたら何なのかは、わからない。わからないけど、夢にまで見た〝他とは違う風呂〟である。川だったり、魚が泳いでいたり、渦を巻いたりというほど

城のようなマンション

ではなかったが、私は、その貴重なバラエティを無理やり噛《か》みしめた。

おお、浴槽の底が坂！

なんということだ、この風呂だけ浴槽の底が……。

こうして私のジャングル風呂体験は終わった。

ジャングル面で期待ハズレだったとはいうものの、私の肌は二日続きの入浴ですっかりつやつやになり、因果なことに風呂自体はのんびりと気持ちよかったりして、ホテルに戻る頃には、午後から歩き出そうという意気込みも、まるごとお湯に流したようなさっぱりした気分であった。


結局お遍路を再開したのは、松山に三泊もした翌日であった。

温泉のあと午後には再開するつもりだったのだが、道後から先、へんろ道はしばらく松山の市街地を通るから、風呂に入ってせっかくきれいになった体で、車の排気ガスを浴びることもないだろう、と考えたのだ。

市街地を抜け、五十二番太山寺《たいさんじ》、五十三番円明寺《えんみょうじ》を打ったあと、瀬戸内サイドで一番風光明媚だと教えられた海岸線を、今治に向かって北上した。

宇和島から松山までは峠の連続だったが、松山以降、道はすっかり平坦になり、交通量も増えて、海はあっても大自然の中を歩いているという感覚はなくなった。最後は、駐車場のような五十五番札所南光坊《なんこうぼう》で、今回の旅を終了。松山以降は、抜け殻のように歩いてしまった。

今治の駅近くに、理由はわからないが城の形をしたマンションがあった。

おお！　マンションで、城。

ジャングルで風呂よりも、そっちのほうが面白かった気がする。

二十九日目　松山停滞「せせらぎ」歩行距離０キロ
三十日目　松山停滞「かわせみ」歩行距離０キロ
三十一日目　道後温泉〜浅海《あさなみ》　歩行距離27・２キロ
三十二日目　浅海〜今治　歩行距離22・５キロ

5章
土佐昭和から、南レク御荘公園前バス停まで

四万十川カヌー下り

夏だ！

ついに夏がやってきた。

四国遍路区切り打ち五度目になる今回は、満を持して南国高知二大クライマックススポットのひとつ、足摺岬《あしずりみさき》を攻略しようと思う。

このときのために、前回、敢《あ》えて前後をずらして、宇和島《うわじま》から今治《いまばり》まで歩いたのである。それもこれも、海を味わうのに最適な季節に、足摺岬周辺を歩きたかったがためだ。

今回は、充実した旅になりそうな予感がする。

今回歩くべきは、前々回にゴールした四万十《しまんと》大橋《おおはし》から、前回スタートした宇和島までを繋《つな》ぐ行程である。

なので、まずは四万十川河口近くにかかる四万十大橋を目指さなければならないが、私が降り立ったのは、まったく方向が違って予土《よど》線の土佐昭和という駅であった。四万十大橋を目指すなら、河口にもっとも近い土佐くろしお鉄道の中村駅へ向かうべきなの

だが、河口どころか、土佐昭和は山の中、四万十川中流だ。

なぜそんな脈絡のない場所に来たかというと、ここからカヌーで四万十大橋まで下ろうというのである。

この連載を始めるとき、四国遍路をやろうとひらめきつつ、私が最初に頭に思い浮かべたのは、弘法大師《こうぼうだいし》でも八十八の札所でもなく、四万十川だった。私の脳内回路は、瞬時に次のように連想したのだ。

四国遍路→四国→四万十川→カヌー。

かねて、四万十川を下ってみたいと思っていた。極論すれば、四万十川をカヌーで下りたいがために、四国遍路を計画したと言ってもあながち嘘《うそ》ではないぐらいなのである。

実際、もともとの計画では、カヌーもお遍路ルートにきっちり組み込む予定だった。

面白いことに、四万十川の流れを河口から逆にたどると、いったん山中へ深入りするものの、そこからまた大きく曲がって海に近づいている。もっとも海に近づくのが窪川《くぼかわ》付近で、そこにちょうど三十七番札所《ふだしょ》の岩本寺《いわもとじ》がある。つまり岩本寺から四万十川に沿って行けば、遠回りにはなるが、ぐるっと回ってふたたび海沿いのへんろ道と繋がるわけである。

なので前々回、岩本寺から土佐昭和まで四万十川沿いに歩いておき、今回のカヌーと併せれば、へんろ道はきれいに一本に繋がったはずで、私も最初そういう心積もりでいた。

しかし岩本寺の宿坊でオランダ人のヘレナに出会い、日本語がわからなくてひとりで歩くのが大変と聞いて、同行することにしたため、結局川沿いを歩くことなく、四万十大橋までたどり着いてしまったのだった。

したがって今となっては単なる寄り道にしか見えないけれども、私の心の中では、このカヌーもお遍路の一環である。

さて、そんなわけで今、私は土佐昭和にいる。

四万十川に臨む広々とした芝生のキャンプ場にテントを張って、カヌーツアーの講習を受けているところだ。

私はこれまでにも、ファルトボートと呼ばれる折りたたみ式のカヤックで何度か川下りをしたことがあるので、それなりに経験者と言ってもよく、今回ひとりで勝手に下ることも考えなくはなかったが、艇を持っていない。以前は持っていたが、人にあげてしまった。中流から河口までレンタルさせてもらえないか調べてみたが、そんなところもなく、そもそもテントやら食事をすべて運んでとなると、荷物は相当重くなって面倒くさいので、いっそ食事もすべて用意してくれるお手軽なツアーに参加することにしたのだった。他力本願この上ないが、冒険者じゃないので、とにかく四万十川を下ればよしとしたい。

私が参加したのは四泊五日のツアーで、それだけあれば河口までゆっくり下っていけそうだった。

ところが、ツアーは三日目になっても出発せず、ひたすらキャンプ場前の流れで練習させられた。

どういうことであろうか。

四泊五日のうち二泊も同じ場所で停泊して何が川下りか。これでは単なる川遊びではないか。

業を煮やし、いったいいつになったら下るのか、そうインストラクターに訊《き》いてみると、下れるだけの実力がついてから、との答えが返ってきた。

ん？

私は、四万十川というのは、緩やかな流れにのんびりカヌーを浮かべながら、ただプカプカと流れ下っていけばいい川だろうと考えていた。なにしろ川幅が広いから、それほど難しいところはないはず、と高をくくっていた。

ところがである。

どうやら四万十川は、そんな甘い川ではないらしい。

とりわけ土佐昭和から江川崎までの区間は、３級の瀬がいくつかあって、３級といえば、初心者ではとても無理なレベルだそうである。そこではこれまでにも何人か死んでいるとも言っていた。ほんまかいな。

話が違うぞ。

先ほど自分はそれなりに経験者であると書いたばかりだが、即刻撤回したい。それどころか今は、実に練習に勤《いそ》しみたい気分だ。

ツアーは三日目の朝になって、ようやく出発した。

先にも書いた通り私は、四万十川は、ゆったりと流れる大河なのだと思っていた。ところが、いよいよ出発したと思った途端、のっけから激しい瀬に突入して、ゆったりどころか、それはそれはダイナミックというか、スリリングというか、来るんじゃなかったというか、練習しといて本当によかった。

朝もやの四万十川。
なんでもないようだが侮れない

川というのは、河原《かわら》から見ていると、さほど激しい流れに見えない場合でも、実際に漕《こ》ぎ下ってみれば、結構な激流に感じるものであって、仮に1メートルの波が立っているとすると、それはもう眼前に立ちはだかる壁のように目に映る。3級の瀬ともなると、そんな壁が連続していくつも行く手を阻み、なおかつところどころ激突しそうな岩が露出していたり、滝のような落ち込みがあったり、落ち込んだ先で渦を巻いて洗濯機みたいになっていたりして、えらい恐ろしい。

そしてそんな激しい流れのひとつをやっとのことで通り抜け、やった！　なんとかクリアだぜ！　と思った次の瞬間、私はひっくり返っていた。

全身ずぶ濡《ぬ》れ。

ぐずぐずしているとカヌーを流してしまうから、すばやく浅瀬に引き寄せる。そうして中の水を排出しながら、思わず心の中で叫んでいた。

違う！

違うんだ。

私が期待していた四万十川は、こんなんじゃない。もっとのんびりと静かな川面《かわも》を、半ばまどろむようにして下っていくはずだった。四国遍路の疲れを癒す、昼寝かマッサージのような位置づけだったのである。

それが、まどろむどころか、ライフセーバーの訓練みたいになっている。

おおいに納得がいかない。納得いかないが、ぐだぐだ言ってると、また次の瀬がやってきて死にそうになるから、ふたたびカヌーに乗り込んだ私は、ひたすら神経を張り詰め、来るべき瀬に備え、引き続き川の前方を凝視し続けた。

私も少しは経験があるから知っているが、川では、流れの速い瀬と流れのゆるい瀞《とろ》が交互にくる。だから、時々はのんびり下れるのだけれど、地図で見ると、このあたりの四万十川は小さく蛇行を繰り返しており、川が曲がればたいていそこに瀬があるから、つまり土佐昭和から江川崎までの区間は、瀬だらけと言ってよかった。

とりわけ河内の瀬、小貝の瀬は非常に激しく、他にも小さな瀬が絶え間なく連続する区間だの、橋の下にあって死者も出た瀬、茶壺《ちゃつぼ》などと呼ばれて激しくのたうつ瀬など、緊張を強いられる場面が続いて、まったくもって予定外。そういうことは、あらかじめ言っておいてもらいたいが、お遍路のガイドブックには四万十川下りのことなど何も書いていないのだった。

それでも一日、二日と漕ぎ下るにつれ、激しい瀬に出会う回数は減り、瀬と瀬の間隔も広がって、期待していたような、緩やかな流れの中をまどろみながら下れる場所も増えてきた。

そういう瀞場に来ると、私はカヌーから足を出して水に浸し、涼をとった。川の上は涼しいかと思えば、川面からの照り返しもあって、案外暑いのである。

四万十川は、最後の清流などと呼ばれ、まるで人跡未踏の山間部を流れているかのように私は思い込んでいたが、県道が平行して走っており、人家の中を流れるような場所もあって、少々拍子抜けだった。ただ、そんななか、ふと「きゅっ、きゅっ」と鹿の鳴き声がしたりして、やはり自然の豊かな場所であると思い知る。

瀬の心配がない長い瀞場で、目を閉じて、生き物の気配に耳を澄ませながら浮かんでいるのは、いい気分だった。結局私が四国に求めていたのは、これなのだ。自然を思う存分味わいたい。それが、この旅の究極の目的なのだ。お遍路なんていって弘法大師にこじつけなくても、それで十分であり、またそのほうがむしろ重要なことのように思われた。

ところで、このツアーのインストラクターたちは、一年のうちほぼ百五十日を川の上で過ごしているそうである。もちろんどこかに部屋も借りているが、百五十日はテント泊だから、どこが自分の家だかわからない。食事も河原で作って食い、風呂は川に入るわけで、そうなるとそれはもう仕事というより、暮らしそのものである。

自分の人生を組み立てるにおいて、まず仕事をどうするか、何の仕事に就くかと考えるのが通常の優先順位かと思うが、彼らの話を聞いていると、彼らにとっては、インストラクター稼業は優先順位の一番としてあったのではなく、ここで自然とともに暮らすのがまず第一優先で、そのために考えうる仕事は何かと検討した結果であるような、そんなふうだったように想像された。人生をそういう優先順位で眺めるのは、いったいどんな感じだろうか。

仮に仕事ではなく、どこで暮らすかという視点から人生を組み立てたらどうなったか。彼らの人生観を自分に当てはめてみながら、私は瀞場を下っていった。

自分の、ありえたかもしれない別の人生――。

仕事が第一優先じゃない人生。

旅が面白いのは、そうやって別の人生の可能性を具体的に想像できることだ。もしこの地に住んだらどうなるだろう、どんな人生が待ち受けているだろう、と考えるのは楽しい。

願わくば、河口まで穏やかに流されつつ、このまま人生についての思索を深めたかったのだが、残念ながらやがてまた瀬がやってくると、思索などはさっさと捨てて、ふたたび命からがら漕ぎまくらなければならないのだった。

三十三日目　土佐昭和停滞　航行距離0キロ
三十四日目　土佐昭和停滞　航行距離0キロ
三十五日目　土佐昭和〜どこかの河原　航行距離10・4キロ
三十六日目　どこかの河原〜どこかの河原　航行距離14・0キロ

太平洋に浮かぶ

四泊五日のカヌーツアーは、予土線の江川崎駅から、少し下った先で終了となった。当初の目算では、四万十川の河口まで下って、へんろ道に繋ぐ予定だったが、お遍路についていえば、私はすでに四万十川河口に近い四万十大橋まで歩いており、河口までカヌーで繋ぐことに意味はない。

そうだとすると、いつまでも川で遊んでばかりもいられないので、私はツアー会社に車で中村まで送ってもらうと、四万十大橋から歩き出すことにした。

その前に――このたびカヌーツアーに参加するにあたって、テントだのシュラフだの多くの荷物を持参している。そんな重い荷物を担いで、これから歩くわけにはいかない。これらを即座に自宅に送り返したい。

と思ったのだけれども、ここで大きな視野に立ち、見方を変えてみると、今私の手元にはテントとシュラフがあり、目下南国高知にいて、太平洋が目の前である。季節は夏

真っ盛り。そして、私の人生最大の趣味は、おお、なんという偶然であろう、海でスノーケリングすることなのだった。

そうなると、どういうことになろうか。

カヌーツアーのために持ってきたテントとシュラフを、次はスノーケリングのために活用すれば一石二鳥ということになるのではあるまいか。

今だから言うが、実はこの四国遍路連載を始めるにあたって、真っ先に私の頭に浮かんだのは、太平洋だった。すなわち私の脳内回路は、瞬時に次のように連想したのである。

四国遍路→四国→太平洋→美しいサンゴと海の生き物たち。

私はかつて高知県の柏島《かしわじま》でスノーケリングして、海中の美しさに舌を巻いたことがある。だから今回も、お遍路ついでに高知の海でスノーケリングできればと思っていた。それどころか、高知の海で潜りたいがために、四国遍路を計画したと言ってもあながち嘘ではないのである。

お前はこないだもそんなことを言ってなかったか、しかも真っ先に頭に浮かんだのは太平洋でなく、四万十川とか言ってなかったか――そんな弘法大師の声が一瞬聞こえたような気がするが、それはつまり、同時並行的に、四万十川と太平洋が頭に浮かんだということである。そうでなくても四万十川を下れば太平洋だ。大局的見地に立てば、四万十川も太平洋も同じことである。細かいこと言うなっちゅうねん。だいたい今海で遊ばないで、いつ遊ぶのか。

――って、だんだん態度がでかくなってきたが、この際、はっきり言っておきたい。この話は、四国遍路のことを書いているようでいて、厳密にはそうではないのだ。タイトルにもあるように、だいたい四国八十八ヶ所にまつわるエピソードが多いよ、だいたいそんな感じだよ、という、そういう話なのだ。だから時には違う話もあって、観光もすれば、川も下るし、海でも遊ぶのである。強いて言うなら、この話の本当の主人公は、お遍路さんたる私ではなく、四国だ。私は四国全般について大局的見地で書いているのである。

というわけで、海沿いでナイスなキャンプ場はないか、あらかじめ調べてある。竜串《たつくし》にある爪白《つまじろ》のキャンプ場が、ビーチの隣にあって、そのビーチにはサンゴもあるとのことだった。

私は、さっそく中村からバスで移動し、テントを張った。

思えば、徳島の霊山寺《りようぜんじ》を出て、最初に海と出会ったのが由岐《ゆき》の町だった。以来、太平洋岸を延々室戸岬《むろとみさき》まで歩き、さらに土佐湾に沿って高知、桂浜《かつらはま》を経て、横浪半島《よこなみはんとう》の浦ノ内湾、土佐佐賀から土佐西南大規模公園という、その名の通り巨大な海沿いの公園を歩いて、私は四万十川河口までやってきた。

その間、太平洋を横目に見ながら、常に頭に渦巻いていたのは、この海で泳ぎたい、というその一念だった。これだけ海と一緒にいて、今まで一度も海に入らずに歩いてきたのだ。実にもったいない話ではないか。

翌朝、フィンとマスクをつけて海に潜った。

爪白の海は、とにかく明るかった。透明度が、同じ太平洋でも東京あたりとはまるで違う。

ここで泳がないでどうするか

ビーチの奥には、海中公園の海中展望塔が建っており、このあたりの海中が観光名所になるほど美しいことを物語っている。まさにスノーケリングにはもってこいの場所だ。

ビーチの沖には島が浮かんでいて、弁天島というらしい。そのあたりまで泳いでいくと、岩にところどころサンゴがついていた。

地味な茶色のサンゴが多く、華やかな水中景観とまでは言えないものの、サンゴは、どこの海でも、近年の度重なる海水温の上昇で大きなダメージを受けているので、生きているだけで十分である。

さらに探すと、鮮やかなピンク色をしたソフトコーラルや、透き通ったブルーのホヤなども発見、魚では極彩色のブダイや、クマノミもいたし、熱帯魚の種類も予想以上に豊富だった。

やはり海に潜ってよかった。

これこそが、四国の旅ってもんだ。9割近くもアスファルトと言われるへんろ道を歩いているだけでは、本当の四国は味わえない。こうして大自然を味わってこその四国である。

考えてみると不思議ではなかろうか。遍路には、険しい山に登ったり、かつては捨身といって崖から飛び降りたりする修行があったその一方で、荒れた海を渡るとか、どこからどこまで泳ぐというような修行がない。

なぜだろう。弘法大師は修行中、ためしに海にプカプカ浮かんでみたりしなかったのか。

そんなことを考えながら泳いでいると、不意に私は、奇妙な感覚に襲われた。

今まさに目にしている海の青さや、そこに群れ泳ぐ魚たちの鮮やかな色合いは、弘法大師空海《くうかい》の時代には存在しなかった。そんな気がしたのだ。

まさかそんなことはあるまいが、平安とか鎌倉とか、そんな時代にも、海は同じように鮮やかだったということが信じられない。眼前の海の青さを見るにつけ、平安時代はこんなに青くなかった気がするのは、いったいどうしたわけだろう。

気候が今より寒かったとか、そういうことはあったかもしれない。それでも海は間違いなく青かったはずだ。むしろ透明度抜群の、ナイスなブルーシーだった可能性もある。それなのに、日本の古典文学においても、船旅や白波は出てきても、海の青さにはあまり触れられていないように思う。私が知らないだけだろうか。こないだ紀貫之の土佐日記を読んだが、ちっとも海は青そうじゃなかった。

さらに言えば、海に入る描写も少ない気がする。

たとえば万葉集でもなんでもいいが、あの島に泳いで渡れば恋が叶《かな》うという言い伝えの通り私は泳いで渡りましたのに、どうしてあなたは今になって自分はカナヅチだなどと言うのですか（テキトー）とか、海の中で睦《むつ》み合うウミウシを見るにつけ、あなたとの逢瀬《おうせ》を懐かしく思い出し、ついまた海に潜ってしまいます（ますますテキトー）みたいな体ごと海の中に入り込む歌が見当たらないのは、いったいなぜだ。

強いて挙げれば、カメに乗って竜宮城を訪れた浦島太郎の話ぐらいか。それにしたって空想である。

大昔の人は、海に浮かんだり潜ったりして遊ばなかったのだろうか。

海で遊ぶなど、いい大人のすることではなかったのか。

あるいは真水シャワーがない時代、みんなベトベトする海が嫌いだったか。

それとも、海はタブーだったのか。

四国遍路修行の原型は、海と陸の境を歩く辺地修行だったと聞く。修行の場が生と死の境界上にある世界だとすれば、海の中は死の世界と考えられていたということか。浅い部分にでも潜ってみれば面白かったのに、と思うが、そういえば昔は水中メガネがないから、水中の優雅でフシギな景観を目の当たりにすることができなかったのだろう。海の中がどういう状態であるか知らないとき、海の青さはむしろ不吉なものとして目に映っていたかもしれない。

ただ、もしそうだとするなら、なおのこと修行のためにその死の世界に少し入り込んでみたらどうなんだ。

わからない。

わからないが、しかし、海に沿って延々歩きながら、決して海そのものとは直接触れ合わない遍路修行が、私には何やら不自然なもののように思われてこなくもなかったのである。

翌日も、別のビーチに移動して、スノーケリングを堪能した。

今度のビーチは大きなうねりがあり、波打ち際は朝から濁っていた。どうやら台風が来ているらしい。それでもうねりを乗り越え、沖へ向かって泳いでいくと、徐々に透明度はよくなった。大きな魚影がいくつも私の下をよぎっていく。水深は20メートル以上あるだろうか。

不意に雲間から日が差し、海中を光が貫く。

眼下に、どこまでも青く、どこまでも深い世界が広がった。

おお、私は今、太平洋に浮かんでいる。

真っ青な四国の海に浮かんでいる。

それは四国遍路の路上で出会う景色とはまた違う、弘法大師空海でさえ見なかったかもしれない、神秘的な景観であった。


うねりがどんどん大きくなってきたので、昼前には海からあがり、その後は海辺でだらだらと時を過ごした。

空は晴れていたが、徐々に白くしぶきはじめた波頭が、台風の接近を知らせている。

いいだろう。

と私は思った。

四国遍路が海に入らない理由は、私にはわからない。わからないけれども、私ももう太平洋に思い残すことはない。四万十川も太平洋も、十分に堪能した。脱線はこのへんにして、そろそろ四万十大橋に戻り、四国遍路後半に向け、歩き出すことにしよう。

三十七日目　どこかの河原～江川崎　航行距離2・0キロ
三十八日目　爪白ビーチ　歩行距離0キロ
三十九日目　樫西《かしにし》ビーチ　歩行距離0キロ

すまなかった、トンネル

土佐くろしお鉄道の中村駅から四万十大橋までは少し距離がある。

前夜テントやシュラフを自宅に送り返し、中村のビジネスホテルで一泊した私は、朝四万十大橋までタクシーに乗った。バスで行きたかったが、便が少なかった。

前回ここまで歩いたのは、三月だったろうか。足摺岬へ向かうオランダ人遍路のヘレナをここで見送った。その後、ヘレナは無事八十八ヶ所を歩き切ったのだろうか。日本語が読めないから、久万《くま》高原《こうげん》あたりの峠越えで難儀したのではないだろうか。たった二、三日一緒に行動しただけだが、こうして別れた場所に立つと懐かしく思い出される。

眼下を流れる四万十川は、当然だが、カヌーで下った上流と比べてだいぶ広くなっており、大河の風格を感じさせた。じっと水面を眺めてみたが、ほとんど流れているように見えない。カヌーで河口まで下ろうとすると、下流は流れがほとんどないうえ、海から向かい風が吹いて大変なのだとインストラクターは言っていた。

空はどんよりと曇って、ヘレナを見送ったときと同じようだ。沖縄に台風が来ている

らしい。

いい兆候だと思った。なにしろ今は八月。夏真っ盛りなのである。昨日までのキャンプで、晴天時の太陽がいかに殺人的か実感したばかりだ。重たい空の下、私は満を持して歩きはじめた。

真念庵《しんねんあん》の手前の長いトンネルを抜けると、小雨が降っていた。

気温は高く、濡れても寒くはない。だいたいこれまで川や海で濡れまくっていたのだ。カヌー中は、川の水が風呂代わりだった。だから濡れたっていっこうに構わない。ただ、ひとりぼっちでこんな雨の中をしょぼしょぼ歩いているという状況がつまらなかった。カヌーやスノーケリングのにぎやかで明るかった日々と比較すると、なおさらである。

それになんだかいつもよりザックが重いような気がする。不要なものは宅配便で送り返したから、決してそんなことはないはずだが、肩にずっしりとくる。昨日まで寄り道しすぎた天罰かもしれない。

雨がだんだん強くなり、レインウェアを出した。体は濡れてもいいが、荷物が濡れるのは困る。今回はお遍路の菅笠《すげがさ》を持ってきたのでそれを被《かぶ》り、荷物にレインウェアをかけて歩いた。

しかし、私は甘かった。

たしかに荷物は濡れなかったし、体は濡れても寒くないから、その点は問題なかったのだが、靴が濡れた。これは誤算だった。もちろん靴にもスパッツをつけて、中に水が入らないよう気をつけていたつもりだが、それでも雨は浸透してきた。あっという間に靴下が濡れ、気がつけば、一歩踏みしめるたびに中でじゅっと音がしているような、そのぐらい水浸しになってしまった。

これまでなら、たとえ疲れていなくても一時間歩くと休憩をとり、靴下を脱いで、蒸れた靴、足、靴下を乾かしてきた。しかし今回は、靴下もとっぷり水を吸って、絞らなくてもドボドボ水が滴るほどで、五分や十分休んだところで何も変わらない。

靴が濡れるのを防ぐ方法はなかった。スパッツがついているといっても、もともとがメッシュ地のシューズなのだ。本格的な雨にはまったく歯が立たない。

そして、そうなるとマメの成長は速かった。瞬く間に左の人差し指、薬指と小指、右の薬指にも大きなやつが出来てしまった。

さらに今回、私には難儀な問題があった。

自宅を引っ越すことになり、妻からいついつまでに必ず家に戻れと期限を設定されていたのだ。期限があってもべつにいいではないか、それまで歩けるだけ歩いて次回そこからまた歩き出せばいいという考えは、今回に限っては成立しない。というのも、前回私は足摺岬を飛ばして宇和島から今治まで歩いている。したがって今回のゴールは宇和島と決まっているのだ。そして期日までに宇和島に到達するためには、逆算して毎日30キロ程度は歩かなければならなかった。雨が降っても、マメが出来ても、一日30キロはノルマなのだ。

こんなことなら、カヌーやスノーケリングなんかしないで、さっさと歩けばよかったのだが、あれらはあれらでどうしてもやりたかったのでやむをえない。結局こういうことになったのも、すべてはやむをえない事情によるので、ただ、マメだけがやむをえなくない。マメさえ出来なければ、一日30キロぐらいとくに問題はなかったのだ。

やがて大岐《おおき》海岸という美しいビーチに出る。

本来なら、海を眺めながらのんびり歩きたいところだ。

しかし今日は、昨日までの明るく楽しい太平洋とは違い、大きな波が立って、強い海風によって時おり波しぶきが顔に吹きつけてくる。一歩ごとに足が砂にめり込むのも面倒くさかった。

そうして海岸を抜けて今夜の民宿に到着したときには私はだいぶ疲れていたが、宿に着いたからといって休むことはできなかった。ノルマは30キロ。今日はまだ23キロしか歩いていない。

宿のおじさんが、電話をくれれば車で迎えに行ってあげる、と言ってくれたので、その言葉に甘えることにし、ザックを置いてさらに進む。

雨はどんどん大降りになってきた。

気がつけば、四国遍路に来て経験したことのない大雨である。豪雨と言ってもよかった。

どこかで雨宿りしようと思っても、店はおろか、軒先が出ているような場所もない。時々、旧へんろ道という標識が出ていて、森の中を歩く道もあるようだったが、そんな気分ではなかった。車道を行った。アスファルトの道があってよかったと思った。

結局、マメだらけになった足をかばいもせず、だいたいこのへんが30キロ地点と思われるところまで黙々と歩き、宿のおじさんに迎えに来てもらった。

つらい。今回は実につらいお遍路だ。

足摺半島周辺のへんろ道は複雑である。

三十八番札所金剛福寺《こんごうふくじ》を打ったあと、三十九番の延光寺《えんこうじ》までいくつものルートがある。最短は金剛福寺から来た道をとって返し、真念庵から三原を経由するルート。他に下ノ《しも》加江《かえ》から三原を経由するルート、竜串に出て山越えをするルートや、ずっと海沿いに宿毛《すくも》まで出るルートなど、他にもいくつも考えられるが、当初私は距離的にはもっとも長い海回りを考えていた。少しでも長く太平洋を眺めていたかったからだ。

しかし、台風が来ている今、太平洋はとくに眺めていたい感じではなかった。それに高波に攫《さら》われるようなことがあってはならないので、海回りはパスだ。

ならば、山越えはどうか。山越えルートの利点は、途中同じ道を引き返さなくて済むところだ。この三十八番から三十九番に至る道のほとんどは、どこかで同じ道を往復する部分がある。それがつまらない。どうせなら常に新しい道を歩きたい。

だが、それも今回は見送ることにした。私にはノルマがあるのだ。先を急がねばならない。とはいえ、足摺岬からまったく同じルートを真念庵まで戻るのは癪《しゃく》なので、足摺半島だけは一周して反復は避け、その後、真念庵まではあきらめて同じ道を行くことにする。

そう決めて、翌朝もますます強い雨の降る中、私は出発した。

台風の接近を表すように、雲が凄《すご》い速さで流れていく。どうかすると、不意に雨が止《や》んで一瞬日が差すこともあった。が、すぐにまた厚い雲がやってきて、土砂降りになった。

足摺岬への道はきつかった。

ずっと人家もない林の中をアスファルト道が続く。マメが痛いということもあるし、単調だし、休みたいと思っても雨宿りする場所がないのだった。もしこれが天気のいい日なら、木漏れ日の中、木々の隙間から海を眺めつつ歩ける快適な道だったにちがいない。

三十八番を打ち、せっかくここまで来たのだからと足摺岬の展望台にも寄ってみたが、水平線も見えず、疲れていて感動はなかった。

出発前に決めていた通り、足摺岬からは半島の西海岸を歩く。雨のせいで途中ろくに地図も開いて見なかったから、ショートカットルートを見逃してしまい、海沿いのくねくねと曲がりくねったいかにも距離ばかり稼ぐような効率の悪いルートを選んでいた。

室戸と足摺が四国遍路の二大クライマックス、と以前に会ったおっちゃんが言っていたが、果たしてそうだろうか。私は雨の影響を除いても、足摺は到底室戸に及ばない気がする。なぜそんな気がするのか、しばらく考えて、足摺は海が遠いということに思い至った。同じ海沿いでも、海抜ゼロメートル付近を歩く室戸と、海抜数十メートルの崖上を歩く足摺では、海の近さが全然違う。いつでも海に触れることのできる室戸のほうが、歩いていて何倍も楽しいのは当然だろう。

もう確かめようとも思わないが、マメはますます増えているようだった。さすがに心が折れそうになってきた。いったいオレは何で大雨の中こんなところを歩いているのか。

大浜というところを越えるとトンネルがあった。

もはやトンネルなんてどうだっていいよと思いつつ中に入ったところ、おお、なんということであろう、まるでわが家に帰ったかのような気分がする。ちっとも雨に濡れないではないか。

そうだったのか……。

私はこれまでさんざんトンネルのことを馬鹿にしてきた。実に無粋極まりない代物で、自然破壊の最たるもの、もし将来自分がウルトラマンぐらい巨大になることがあったら全部パテで埋めたいぐらいに思って、敵視してきた。

だが、私は間違っていた。

どんな豪雨でもちっとも濡れずに歩ける場所は、トンネルだけだ。

私はこれまでのトンネルに対するすべての言動を撤回し、あらためてこう言い直したい。

トンネル、マイラブ。素敵だよ、トンネル。

今は、一日中トンネルの中を歩いていたい気分だ。

私はこのトンネル内で長休止をとることにし、久々にザックから地図を出して広げた。しばらく地図を見ないで適当に歩いてきたのだ。そして現在地を確認したところ、自分が間違った道を来ていることに気がついた。トンネルを通るルートは、遠回りだった。

しかし、これでいい。と思った。

私はお遍路ではなく、このトンネルに出会うために歩いてきた。なんだか今は、そんな気がするのだ。

四十日目　四万十大橋〜窪津《くぼっ》　歩行距離30・0キロ

灼熱の道

雨で地図を広げられないために、何度か道を間違えつつも、それでも私はコツコツ距離を稼ぎ、足摺岬を通過後も延々歩いて、下ノ加江までたどり着いた。

バスで宿まで戻り、翌朝またバスで下ノ加江に出て、歩き出す。

この日、二日間降り続いた雨は止んで、歩き出したときはまだ雲に覆われていた空も、やがて晴れ間が広がりはじめ、そうなると強烈な日差しが照りつけてきた。

朝九時の時点で、すでに気温は、私のお遍路史上最高温度に達したと思われ、昨日までドボドボだった靴下など、日なたに出して休憩している間に、さっさと乾いてしまった。蒸れなくて助かるといえば助かるが、すでにマメは出来てしまっており、今さらという感じである。

昨日までに私には七つのマメが出来ていた。

少しでもマメを潰して水を出し楽になりたいのだが、どういうわけか今回出来たマメは、針で刺しても水が出てこない。深いところに溜《た》まっているのかと、やや深めに刺し

てみるが、それでも出ない。刺す方向を変えてみるが、それでも出ない。何度もプスプス刺しているうちに、血が出てきた。血が出て水が出ないとはどういうわけだ。

さらに深く刺すのはためらわれ、結局、水が溜まったまま歩くしかなかった。

水が溜まったまま歩くと、マメは確実に痛い。

一歩一歩が苦痛だった。

今回の四国遍路は、あらかじめ、厳しい暑さとの戦いになるだろうことは予測していたけれど、予測に反して、まず雨と戦い、そのせいでマメとも戦うはめになったところで、真打ち登場というか、大ボス登場というか、さんざんこちらを弱らせておいてから、満を持していたかのように、太陽がジリジリと私を痛めつけてきた。実に卑劣なやり口と言えよう。

上からの日差しだけかと思ったら、アスファルトが茹《ゆ》だって、下からもゆらゆらと熱が立ち昇ってくる。熱で靴が溶けないか心配になるぐらいだ。

暑いし、暑いし、それにとても暑い。

まったく、お遍路を何だと思ってるのか。修行じゃないんだから勘弁してほしい。

ん？

修行か？

そうだ、四国遍路は修行だった。うっかりしていた。すっかり忘れて、旅行気分になっていたぞ。

聞くところによると、夏は、昼休んで朝と夜に歩くお遍路が多いという。私もそうしたいぐらいだったが、その場合、宿はどうするのか。素泊まりだけにして、深夜到着、日の出前出立を繰り返すのだろうか。それも疲れそうな気がする。そのうえ果たしてそれで一日どのぐらい進めるかと考えると、やはり躊躇《ちゅうちょ》してしまう。なにしろ今回、私にはノルマがあるのだ。一日平均30キロは歩かなければならない。

頭がボーッとなり、世界全体が揺らめいているようだった。

熱中症にならないよう、どかどか水分を摂《と》る。

ガイドマップの休憩所マークを、今回ほど真剣に探したことはなかった。しかし期待しているほど休憩所の数がなかったので、日差しが防げて座れそうな場所があればどこでも休んだ。ところが、森の中を走る県道には、ベンチのようなものがまったくない。おまけに、昼を待たずに太陽は高くあがってしまい、木陰もなくなった。

唯一の救いは、道沿いに小さな沢が流れていたことだ。沢に沿って時おり、かすかだけれど涼しい風が吹いた。海沿いを歩いていたら、こうはいかなかっただろう。それとも優しい潮風が吹いただろうか。おそらく風はあったにしても、沢風のような涼感はあるまい。

朦朧《もうろう》としながら歩いていると、道端に忽然《こつぜん》と食堂が現れた。小さな休憩所が設けてある。思わず靴下を脱いで腰を下ろした。

しかしなぜ、こんな何もない場所に食堂が？

ひょっとして幻覚ではあるまいか。

「注文の多い料理店」みたいに、私を食そうというのではないか。

なんて妄想していると、おかみさんが出てきて、氷の入った麦茶をくれた。さらにここでお昼になさるなら、と味噌汁《みそしる》までご馳走《ちそう》してくれる。

おお、ありがたい。

「注文の多い料理店」ではなかったようだ。

買っておいたおにぎりとともにそれをいただくと、疲れた体に染みわたるようだった。お接待というのは、いろいろものをくれたりご馳走してくれたりしてありがたいものだと、これまでも思ってはいたが、このときは単なる〝ありがたい〟を超えて、救いの手を差し伸べられた感じがした。

以前、二十二番札所横の宿で会った男性が、高知の印象について語っていたのを思い出す。彼が言うには、高知の人はお遍路に関心がない、お接待もあまりしてくれないとのことで、どちらかというと自分は高知が好きでないとのことであった。

そばにいた別の男性も、そう言われれば、と同調していて、そういうものなのかと聞き入っていたのだが、後に宮本常一の『忘れられた日本人』（岩波文庫）を読んだとき、かつて四国遍路には土佐を除いた三国巡りというのがあったと書いてあり、それはつまり土佐は気性が荒く危険だとのことで、女性などは一国省いたというのだった。土佐はそんなに恐ろしいところだったのか、とそのとき私はますます男性の話が補強されたような気持ちになったのである。

しかし実際には、歩いていて土佐だけがどうということでもなく、こうしてありがたい出来事もあるのであって、私などは、むしろ風景のダイナミックさもあって高知を歩くのが楽しかった。

一点だけ、高知の人は違うなと思ったのは、お接待を受けたときお遍路は通例として納め札をお礼に手渡すのだが、高知ではこれを受け取らない人が多かったことだ。それは、そんな紙切れもらってもしょうがない、ゴミになるだけだ、という現実的な意味合いもあるだろうが、何より、お礼が欲しくて親切にしたのではない、という気概のようなものであるだろう。

そしてさらに、お遍路なんて勝手にルール決めてやってるだけで、納め札だなんだというのも、あくまで内向きの約束でしかない、という客観性も働いているかもしれない。お遍路の納め札？　知らんがなそんなもん、という、言ってみれば信仰的に白けているというか、ノリが悪いというか、やすやすと同調しない姿勢を感じたことが何度かあった。そういう意味では、高知の人はお遍路に関心がないというのは、それはそれで的を射ているわけだ。

それが高知県民の気性によるものなのか、それとも高知県内では他県に比べて札所の密度が疎《まば》らであるために、実際問題としてお遍路に親しみがないせいなのかはわからない。しかし、だからといって高知の人が不親切なわけではないのである（そもそも今の

私も遊んでみたかったが、遠かった川

時代、何県人の性格はこう、というような決めつけそのものが、ほとんど無効かもしれない）。

食堂のおかみさんにお礼を言い、さらに進む。

中筋川ダムのバックウォーターを利用した梅ノ木公園というのがあって、県道はその上空の橋を通過していく。この橋から見下ろすとこの公園が水遊びにもってこいというか、まさに地元の子供たちだろうか、浮き輪で浮かんだり、飛び込んだりして遊んでいるのが見えて、ああ、私も水浴びしたい、と思ったのだけれど、川まで降りたらまた登り返してこなければならないので、泣く泣く断念した。もはや私には、寄り道をする気力など、かけらも残っていない。

そして橋を渡ると梅ノ木トンネルがあって、中に入ると、またもやこれが素敵だったのであって、まるでわが家に帰ったかのような気分。

ああ、なんてことだ、ちっとも日差しが気にならないではないか！

なんてフィールアットホーム！

しかも内部はひんやりと涼しい。

これまで自分がトンネルを敵視していたことが信じられない。

今ではトンネルに対して申し訳ない気持ちでいっぱいだ。何もトンネルそのものを否定することはなかった。きちんとした歩道さえあればそれでいいのだ。そういえば、このトンネルの歩道にはガードレールがなかったのだけれど、もうそんな贅沢《ぜいたく》も言わない。ガードレールがなくたって、交通量が少なければいい。

そういうわけで十分快適なトンネルだったが、残念ながらあっという間に終わってしまった。そして出口から見る外の世界は、あまりに厳しくて、私はまるで灼熱《しゃくねつ》の金星の表面に降り立った宇宙飛行士のように、しばらく外に踏み出すことができなかった。

夏のお遍路は、実に厳しい。

そのうえ、後でウンコしようと期待していたコンビニが、地図上にはあったのに、行ってみるとなくなっていたのも厳しかった。

四十一日目　窪津〜三十八番金剛福寺〜下ノ加江　歩行距離33・0キロ
四十二日目　下ノ加江〜三十九番延光寺　歩行距離28・3キロ

台風でイカが上陸した件

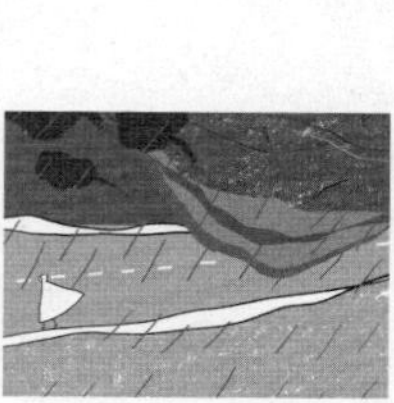

三十九番延光寺横の民宿で、朝の天気予報を見てみると、南方からいかにも邪悪そうな丸いものが日本列島に接近中だったので、愕然《がくぜん》とした。

また台風かよ。

先日台風８号が沖縄をかすめていったばかりである。おかげで二日間も雨の中を歩くはめになり、私の足はマメだらけになって、おおいに迷惑した。

その後遺症も癒えぬうちに、今度は台風９号が、沖縄ではなく直接四国のほうへ向かってきている。

この三日間、大雨と厳しい日差しの両方を体験して、自分なりにどちらのほうがマシか考えてみたりしていた。その結果、どちらも嫌だが、どうしてもどちらかを選ぶとなれば、日差しかなと思ったのだった。

理由は、大雨だとまず間違いなく靴が濡れてマメが出来るが、日差しがあっても必ずしもマメが出来るとは限らないからだ。

むしろ日差しが強いと、休憩時に脱いだ靴や靴下がすぐに乾くというメリットがある。一方の大雨には何ひとつメリットがない。地図を開くのも億劫《おっくう》になって、道を間違えたりする。

なので、暑い暑いと思いながらも、大雨よりマシと自分を鼓舞するようにして歩いていたところへ、またしても台風がやってくるというのである。それも、明日には四国を強風域に巻き込みそうな勢いだ。

ふざけてはいけない。

普通の雲が来い。

日差しを遮って気温を下げてくれる程度のほどよい雲が。

夏の天気は、まったく極端だから困る。

しかし考えても仕方がないので、降り出す前に少しでも進んでおこうと民宿を出立、宿毛市内へ向けて歩き出すことにした。

私が利用しているへんろみち保存協力会編集のガイドマップには、各地の民宿やすれ違ったお遍路さんから聞いた情報が、いろいろ書き込まれているのだが、宿毛の先、松尾峠へ向かう部分に、〃いい道〃と私の字で書いてある。いったいいつ誰に聞いたのか、すっかり忘れてしまっているものの、どうやらいい道らしい。数日前から気がついていて、なんとなく胸の中で楽しみにしていた。

どんな道だろうか。

その内容も多少は聞いたはずなのだが、さっぱり忘れた。

普通、いい道と聞いて想像するのは、自然の中の広々とした見晴らしのいい道である。もしそうなら、そういう道は是非とも空が晴れているうちに歩きたいので、なるべく台風がやってこないうちにたどり着くべく、先を急いだ。

宿毛の住宅街を抜け、少しずつ標高を稼いでいくと、やがておそらくこれがいい道だろうという道が現れた。林の中の土の道だ。見晴らしはよくなかったけれども、なるほどこれかと思ったのである。のんびりと緩やかな道で、轍《わだち》がついているものの、車はまったくやってこない。たしかにいい道だった。

けれど、この程度なら今までにもあった気がする。

実は私の地図には、もう一ヶ所、出典不明のいい道があって、それはまだずっと先、讃岐《さぬき》の国にあるのだが、とりたてて楽しくなさそうな香川県で唯一の期待の星なので、どうしても非常にいい道であってほしい。その是非を占う先駆けとしてのいい道がだいたいこんな感じかと思うと、少々残念な気がしなくもなかった。

時おり小さな集落を通過しつつ、〝いい道〟は緩やかに高度を上げていく。

地図によれば、松尾峠の標高はちょうど300メートルで、たいした峠ではない。と思ったところが、きつかった。

勾配が急というわけでもなく、歩きにくいわけでもない。それこそこんな峠道はこれまでにいくつも乗り越えてきたと思うけれど、どうやら私のほうがすっかり疲れているらしい。せっかくの〝いい道〟なのに、じっくり楽しむ余裕がなかった。

途中長い休みをとりながらへとへとになって、なんとか峠に達すると、そこからの下りもまたいい道だった。むしろ疲れた体には、こっちのほうがいい道度が高かった。下りだからというだけではもちろんなく、急激に高度を下げず、遊歩道のような緩さで森の中を行くところが心地よい。まだ心配していた台風の影響はなく、木漏れ日が森を斑《まだら》に染めて、ジンジン蝉《せみ》の声がした。

いい道

いい道はいい

下り道もいい

雨は夕方からやってきた。

すでに私は峠道を脱し、一本松から標識もあやふやな県道を歩いて、僧都川《そうずがわ》に到達していた。目指す四十番札所観自在寺《かんじざいじ》もうすぐで、今日の行程も無難にこなせそうで、ホッとしたような気持ちになっていた頃、それは降り出した。もともと午後いっぱい時間をかけてゆっくり空が雲に覆われつつあったのだが、ついに臨界点を超えたというように、ポツリポツリと落ちてくる。夕立のようなざっと降る雨ではなく、シトシトと、これから長く降りまっせ、しつこいでっせ、というような降り方だった。

四十番を打つと、すぐに近くのホテルに投宿した。

風呂に入って食事を済ませ、窓の外を見ると、もう本降りになっている。テレビをつけて天気予報を見ると、邪悪な丸いものはますます四国に近づいて、明日はそれはそれはもうえらいことになるでしょうとのことだった。やっぱり大雨になるわけか。

げんなりしつつ眠りにつく。明日のことなんて考えたくもない気分だった。

翌朝起きてみると、予報通り雨はますます堅調に降っている。昨夜からひと時も休んでいないと思われる確かな雨脚だ。

出立すべきかどうか迷った。

これ以上靴が濡れてマメが出来たら、もう本当に歩けない気がする。

その一方で、あさってまでに宇和島に着かなければならないというノルマが私には課せられていた。まったくこういうときに限って、狙いすましたように台風がやってくる。敵ながら見事すぎるタイミングだ。

もし今日のうちに雨が上がるなら、今日は休んで、明日一日で宇和島まで歩けないかと私は考えてみた。地図を見れば40キロ。最後だと思えば、歩き切れるのではないか。

だが、今日中に雨が上がる保証はない。それどころか台風が四国に接近するのはこれからだった。

行くべきか、留《とど》まるべきか。

そうやって出発を渋っているうちに、時間は刻々と過ぎていき、八時になり九時になった。私は、はっきりと決断できないままに、もう今日はダメだという気分に侵されていった。

正直、気力がないのだった。なし崩し的に今日は停滞と決まった。

本当は朝起きた時点で、いや、昨夜眠る前にはとっくにあきらめていて、体面上悩むふりをしていただけという、そんな決断の仕方だった。

だいたい台風の中を、お遍路は歩くものだろうか。

これからますます風が強くなるというし、大雨警報まで出ている。それだけではない。土砂災害に警戒してくださいとまで言っている。

歩かないだろう、そんなときに。いくら修行とはいえ土砂災害だぞ。

そう自分に言い聞かせ、これは仕方ないことなのだと納得しかけていたところへ、窓の外をひょこひょこと、雨合羽を着たイカみたいな形のものが通り過ぎていくのが見えた。

おお、何か歩いているぞ！

イカのようなシルエットのそれは、明らかに歩き遍路だった。

おうおう、知らんぞ、土砂災害に巻き込まれても。

こんな日に歩くもんじゃない、とその軽率さを責め、停滞が正しい判断だと思いつつも、胸にジワジワと劣等感のようなものが湧き上がってくるのは、抑えようがなかった。

私は台風を言い訳にして逃げたのではないか。

こんなときでも歩いている人は当然のように歩いている。それが四国遍路というものではないのか。

たしかに、台風なんだからそこまでして歩かなくてもと思う。だが、区切り打ちではなく、通しで一気にすべて歩く場合は、必ずやどこかで悪天候に出会うものだろう。だからといってみなそのときは休養しているかといえば、そうはしていないのである。

台風だろうが何だろうが歩くのが修行ってもんじゃないのか。

私は自分に負けたのか――。

もとより修行のつもりは全然なく、観光旅行気分で、むしろそのスタンスこそが大切だと思って歩きはじめたほどなのに、なんなんだ、この胸の奥からこみあげてくる、遅刻した小学生みたいな気分は。

といって、この時間から気持ちを切り替えて歩き出す気など、さらさらなかった。

そうして、苦々しい思いで一日停滞。翌朝になっても雨は止まず、依然大雨警報も発令中で、私はそこで時間切れと判断した。宇和島までたどり着くことが今回のミッションであったのに、あと40キロというところで達成できなかったことになる。

初めて自分で設定したところまで歩けなかった。

だから何だ、ゆっくり行くのが目的だったではないか、という思いと裏腹に、頭の中に途切れた線がちらついて仕方がない。今回歩けなかった分は、また今度歩きに来ればいいだけだが、たった40キロのためにここまでふたたびやってくるのは、なんだか自分の負けを認めるようで面白くなかった。

観光したり寄り道によって進まないのはいい。気に入った宿に長逗留《ながとうりゅう》したとか、街歩きのために停滞したというのならオッケー。だが、気力が足りずに屁垂《へた》れるのは悔しい。

バスに乗り宇和島を経由して松山へ向かうと、途中、並行する線路が土砂崩れで不通になっていた。

そらみたことか。こんな日に四国遍路とか言ってる場合じゃないぞ、と思ったら、しばらく行くとまたイカみたいな形のものが道路沿いを歩いていた。

恐るべし歩き遍路。

敗北感で胸がムカムカするので、あれは台風でイカが上陸したのだと考えることにする。

四十三日目　三十九番延光寺〜四十番観自在寺　歩行距離26・8キロ

四十四日目　四十番観自在寺停滞　歩行距離0キロ

6章
尾道から、伊予三島駅まで

しまなみ海道ママチャリ行

私は四国遍路を始める際、東京から夜行フェリーで徳島に上陸した。せっかくだから非日常を演出してみたかったのだ。はるばる一晩かけて上陸した四国。このときは、少しばかり異界の香りがした（ような気がする）。

次いで二度目の遍路では、神戸から高速バスで大鳴門橋《おおなるときょう》を経由して上陸した。しかし、隣がたまたま同年代の女性だったせいか、舞い上がって話し込んでいるうちに、気がつけば徳島に着いてしまって、非日常を味わうことなどすっかり忘れていた。

それから後も、岡山から電車で瀬戸大橋を渡って、高知や宇和島《うわじま》へ出向いたが、最初は瀬戸大橋から眺める瀬戸内海の景色に見惚《みと》れたものの、二度目、三度目になると、寝ているうちに通り過ぎていた。

本当は毎回非日常を味わってみたいけれど、そうそう期待通りに非日常はやってこない。そもそも、四国遍路そのものが非日常体験であったはずなのに、今ではすっかり「事故ゼロ月間、ご旅行はご安全に」といった通常業務の趣になってきた。

そこで六度目になる今回は趣向を変えて、本州と四国を結ぶもうひとつの橋、しまなみ海道を渡ってゆこうと思う。広島県の尾道《おのみち》からしまなみ海道を渡れば、瀬戸内海を越えて今治《いまばり》に上陸できる。いまだ未体験の道であり、目先が変わって面白いのではあるまいか。実はそのこともあって、前々回今治止まりにしておいたのである。

しまなみ海道に電車は走っていない。しかし、バスもあれば、レンタサイクルもあるし、歩くことだって可能だ。とくにレンタサイクルは、尾道で借りたものを今治に乗り捨てることができるというすぐれものなので、今回はそれでいくことにして、とりあえず新幹線で尾道に出た。

私は数年前に尾道を旅行したことがあって、そのとき千光寺《せんこうじ》の展望台から瀬戸内海を眺めてみると、そこらじゅうに島や陸地が見えて、いったいどれが四国だかさっぱりわからなかった。今回地図で確認したところ、尾道から見える一番手前の島の奥にあるのは島で、その向こうにあるのもまだ島で、さらにその向こうもまだまだ島である。私が見た陸影はどれひとつとして四国ではなく、全部影武者だったらしい。駅で見たパンフレットによれば、しまなみ海道の尾道＝今治間は約70キロあるそうだ。

尾道港の駅前港湾駐車場へ自転車を借りに行くと、手ごろなママチャリが何台もあった。本格的なレーシングタイプよりも、私はママチャリのほうがいい。そのほうが気軽に走れそうな気がするのと、荷物がたくさん積めそうだからだ。

約10キロあるザックが果たして積めるかどうかが問題だった。

ところが、駐車場のおじさんは、

「なあん、白人の女の人なんか、でっかい荷物背負うて乗りよるよ」

と言い、まったく問題ないというふうである。

荷物とママチャリ

「背負ってですか？　荷台に積まずに？」

「20キロぐらいありそうな荷物、背負うていきよるけ。そら、たいしたもんよ」

　さすが白人、やることが大雑把だ。

　それで勇気を得て思い切って積んでみたところ、荷台から大きくはみ出してバランスが悪かったが、なんとかなった。見た目は不恰好《ぶかっこう》だが、ママチャリならそんなことは気にならない。

　また、レーシングタイプでは、乗り降りする際、足を後方へ振り上げなければならず、もし荷台に大きな荷物があったら跨《また》げないが、ママチャリはその点、積み荷の大きさに関係なく前から足を出し入れすることができる。

　ビバ、ママチャリ！

漕《こ》いでみると、ふらつくこともなく滑らかに走れそうだった。

しかも歩き遍路なのにこんなものに乗っている、という意外性が妙に楽しい。

さっそく出発することにして、隣の桟橋から対岸の向島《むかいしま》への渡船に乗り込んだ。対岸までは200メートルもない程度で、小さな船には、自転車通学の女子中学生や、スーツ姿のサラリーマンなどが乗っていた。

船が動き出す。背後に聳《そび》える尾道の風景を眺めると、狭い海峡に覆いかぶさるかの如《ごと》き急斜面。予想外にダイナミックじゃないか。

さらに見れば、おお、対岸から非日常的な船がやってくる。二階の操舵室《そうだしつ》の屋根が仏塔風で相輪が載り、赤と緑に彩色されていた。まるで中国の船みたいだ。

なんだか香港にいるような気分が少しした。

本物よりずっとこぢんまりしているものの、尾道の猥雑《わいざつ》さには香港が混じっている。いや、仮にそうでなくたって、このごちゃごちゃした風景には、箱庭的な味わいがあり、いったん四国遍路を保留して、尾道を探検しても非日常がいっぱい味わえそうな気がした。だが、船はすでに向島の水路に入り込んでいくところであったし、尾道と四国遍路は全然関係ない。心頭滅却して尾道のことは忘れ、向島に上陸した。

上陸してしばらく走ると、やがて海沿いの道に出た。尾道港からは水路にしか見えなかった瀬戸内海が、やっと海らしい姿を現す。といっても島だらけだから、水平線などは見えないし、たぶん見えている島はどれもまだ四国ではないだろう。

なんとなく香港

カニはいい

歩くのと違い、自転車はさすがに楽だった。先に見えるカーブまであっという間にたどり着く。徒歩だとその日先のカーブまでが遠いのだ。それに自転車は足を踏みしめないからマメが出来なさそうなところもいい。

ただそのかわり、自転車は勾配で気弱である。歩いていれば坂とも思わず通り過ぎてしまうような、かすかな勾配でも、あ、ここ登ってます、漕ぎ方よろしく、というような軟弱なメッセージを、ペダルに伝えてくる。

「え? こんなの坂じゃないだろ。ほとんど見てもわからないぞ」

「いえ、登ってます。絶対登ってます。間違いないです」

「そうかなあ」

「絶対そうです。私にはわかります。もっとしっかり漕いでください。私にはどうにもできません」

って実に他力本願な困ったやつなのである。その程度の勾配、自分でなんとかしろよ、と言いたくなった。

ちなみに、しまなみ海道のサイクリングロードは、ずっと有料道路に沿って走るわけではなく、島と島とを繋《つな》ぐ橋の部分だけが並行していて、あとは島の一般道を伝っていく。

ということは、島を渡るたびに、橋の高さまで登ったり下りたりしなければならないわけで、橋の高さはどれも50メートル前後あるから、結果としてかなりの急坂が続出する。大人しいのかと思ったら、時々不意に逆上する小動物みたいな、そういう性質の道なのである。

おかげでママチャリの軟弱さに何度も悩まされた。

海沿いのコースを走っていたときは、いかにも快調だったのに、橋となると、途端に登らないのだ。見ていると、マウンテンバイクやレーシングタイプの自転車は、スイスイ登っていく。しかし私のママチャリは頑として動かない。坂の手前で勢いをつけ、一気に駆け上がろうとしても、ほんの数メートル進んだ程度で、さっさとやめてしまう。こんなことなら電動アシスト付きを借りればよかったが、電動アシスト付きは乗り捨て不可なので、今回は借りられなかった。

仕方ないので、坂道といえばこれだったと、ジグザグ走法で登ってみたが、それもしばらくすると、そろそろ休みたいとか言い出す始末で、思わず、しっかりせんかいと、ハンドルをどつきたくなった。あまりに軟弱なので、最後は私が押して登ってやったぐらいである。

それだけではない。因島《いんのしま》から生口島《いくちじま》へ渡るときは、橋ではなく、坂を登らなくて済む渡船を利用してやったりした。

もしまた来ることがあれば、次はもっとガッツあるママチャリを借りたいというかなんというか、しまなみ海道坂多すぎ。

それでも、風景としては、次から次と新しい島が出てきて飽きさせない。わけいってもわけいっても次の島。海を眺めても、そこらじゅう島だらけで、どっちが本州でどっちが四国やら。三つの島を乗り越えて、もうだいぶ進んだだろうと地図を確認してみると、対岸の陸地がいまだ本州だったりしたときには、どうしてそういうことになるのか理解に苦しんだ。私はいったいどこへ向かっているんだ。四国じゃないのか。

このあたり、地図を見てよくよく感心するのは、島々が本州から四国に向かって見事に飛び石状に並んでいることである。おかげでさほど大きく海を渡らなくても、島と島の間の狭い海峡を越えていくうちに四国に繋がるのである。なんだか話がうますぎやしないか。最初から、しまなみ海道ができることを前提に置いてあるくさい。イザナギ・イザナミの国生みのときから、将来の整備計画に組み込まれていたんじゃなかろうか。

ともあれ、この日、私は大三島《おおみしま》まで駒を進め、大山祇神社《おおやまづみじんじゃ》を観光したりしたあと、昼過ぎには予約しておいた宿に到着した。

今日のしまなみ海道サイクリングは、青空いっぱいで快適だった。

苦しい坂も、一度登れば、次は必ず下りになるから、そのときは爽やかな風を存分に浴びることができ、苦しみは相殺された。歩いていると、風がない限りそれを浴びることなどできないけれど、自転車は風がなくたって浴びれるのだった。いっそこのままママチャリで四国遍路したい、そう思ったぐらいである。

四十五日目　尾道～大三島　走行距離53・4キロ

村上水軍と瀬戸内四国ドライブイン説

しまなみ海道のママチャリ旅は続く。

大三島で泊まった翌日は雨だった。

大三島はちょうど尾道から今治までの中間地点にあたり、晴れていれば、その日のうちに今治に到着すると思われたが、雨のおかげで途端にやる気を失った。レインウェアを羽織って出発したものの、走るほどに雨が顔に突き刺さり、思わず伏し目がちになって景色もよく見えない。

しかも自転車に乗っている限りマメは出来ないといっても、靴を濡《ぬ》らすと、後で歩くときに厄介だから、どこかの店でもらったビニールの買い物袋で靴を包み、まるでドラえもんのような足で自転車を漕いでいったのだったが、ママチャリのペダルは例によってギザギザになっており、ビニールはすぐに破れて意味がなくなり、靴にゴミがまつわりついている具合になって、かえって鬱陶しかった。

そういえば以前にもこんなことがあった。あれはたしか、四国遍路を始めてすぐの頃

ドラえもんの足

だった。靴が壊れ、ガムテープで補強しながら歩いたところ、そのガムテープの強い粘着力で、道の砂だのゴミだのがひっつきまくって、実に汚らしい足になったのだった。人間、ゴミにまつわりつかれているときほど、貧しい気分になるものはない。楽しくないので早々に走るのを切り上げ、ガイドマップで発見した村上水軍博物館に行ってみることにした。こんな日は建物の中でのんびり過ごすのが正解だ。

伯方島《はかたじま》から大島へ渡り、しばらく海沿いを走って、博物館に駆け込んだ。宿も大島で予約し、今日の行程は終わったつもりである。

雨から避難して、ようやくホッと一息ついた。そうして雨宿りと時間つぶしのために入った村上水軍博物館だったけれども、せっかく来たのだからと展示を見ていると、不思議なことに、そういえばなんとなく私は、昔から村上水軍に興味があったような気がしてきた。海賊が敵を襲うときに使う、袖搦《そでがらみ》や熊手、薙鎌《なぎがま》、船鳶口《とびくち》、寸丸といった武器など、つい引き込まれて見入ってしまった。

しまなみ海道は、本州から四国まで島を繋いで橋が架かるぐらい瀬戸内海でもっとも島がたて込んでいる水域にあり、つまりは海がそれだけ複雑である。今回ママチャリで走っても、そこらじゅうに島があって、いったいどっちが本州やら四国やらすぐにわからなくなったし、その陸地が島なのか半島なのかさえ判別できなかった。この海では、島の配置を知らなければ、船は目的地へたどり着くこともできない。つまり海賊が活躍するにはもってこいの場所である。

博物館の前に浮かぶ、現在では無人島の能島《のしま》も、かつては能島村上水軍と呼ばれた海賊衆の拠点だった。

村上水軍には、能島の他に来島《くるしま》や因島にも独立した集団があり、それぞれが協力し合い、時には対立する勢力と手を結んで敵同士になったりもしながら、中世の瀬戸内を支配した。

海賊とは言っても、村上水軍は決して略奪だけを生業にした悪の集団ではなかった。航行する船から通行料を取るが、通行料を払った船に対しては、迷路のような海の水先案内人にもなるのであり、同時に港のネットワークを利用した商人でもあったし、戦においては大名と連携して水軍となった。

彼らは瀬戸内の海を熟知していた。

迷路のような海の抜け道を知っていたし、潮を知っていた。

とりわけこの一帯は潮の流れが速く、時間帯によって流れの向きが180度変わるから、海峡や瀬戸ごとに、通行できない水路や一方通行になる海が頻出し、それを知らなければ前に進めないだけでなく、下手をすれば転覆したり座礁したり、ろくなことにならなかった。能島の近くには、その名も船折瀬戸なる細い海峡があり、まさしくそこで船が折れたために、名づけられたと言われている。つまり彼ら海賊衆の案内なしでは、航行するに実に危険な海だったのである。

博物館には、村上氏が使用した甲冑《かっちゅう》や陣羽織、また通行料を払った船に持たせた旗なども展示されていて、見ごたえがあった。そもそも海賊というだけで、すでに面白そうだし、海が迷路になっているのもそそられる。私は大の迷路好きなのだった。最上階にあったしまなみ海道の複雑に入り組んだ航空写真地図の上に立ってみると、このまま半日ここにこうしていても決して退屈しないという確信さえ芽生えてきたほどだ。

だが、そんな博物館よりさらに上があった。

私が、海賊の武器よりも甲冑よりも航空写真地図よりも強く惹《ひ》かれたのは、この船折瀬戸などの激しい潮流を身をもって体験する、潮流体験船だ。

それは博物館の前の港から出航していた。

受付の黒板には本日の最強時間13時50分と書いてあり、それはつまりもっとも潮の流れが激しいのがそのときだとのことで、最強時間という呼び方がすでにそそられる。気がつけば、その最強時間の船に乗っていた私だ。

そしたらこれが、予想に違《たが》わぬ面白さで、大興奮したのである。

船は、このために設計された安定感のある幅広の平底船で、海上を一目散に能島へ向けて爆走。そうしてろくな前置きもないままに、いきなり激流の中に突っ込んでいった。

この海域に激しい潮流ができるのは、瀬戸内海のちょうど中央部にあたる燧灘《ひうちなだ》に向かって、明石海峡や鳴門海峡のある東側からと、関門海峡や豊後水道のある西側から、干満によって海水が流れ込んだり流れ出たりするためである。その際、海には東と西で最大2メートルもの段差ができるという。

段差は、とりわけ瀬戸と呼ばれる狭い海峡に現れる。

船折瀬戸や能島周辺には、もろにそんな海の段差ができていた。このときは2メートルはなかったけれども、ちょっとした滝のようなものが海の中に出現している。そこはまるで海ではなく川のようであり、海が激しい勢いで流れているのは、同じような速さでも、川より恐ろしく見えた。

そしてその恐ろしい段差の下にも、潮流体験船は果敢に乗り入れていく。

露出した岩礁や、すぐそばに接近した島にぶつかりそうだった。なにしろ手を伸ばせば岩に触れるぐらいまで接近するのだ。乗客の中には、怖い怖いと真剣にビビっている人もいた。

周囲には激しい波が立ち、時おり渦も巻いている。オラオラーッ、こちとら渦だぞ、文句あんのかワレ、と威嚇するかのような渦を、船はおかまいなしに、それが何か？

とこともなげに踏み潰していく。渦の上に乗っかって大丈夫なのかと不安になるが、さらにそんな激流の中でエンジンを切り、流れに任せて船がどうなるかやってみたりして、おお、いいのか、そんなことしていいのか！　岩に激突するんじゃないかするんじゃないか、と気が気でなかった。

船頭さんはよほど慣れているのか、次から次へと激流を見つけては、アグレッシブに船を躍り込ませていく。

しかも最初に右舷から突っ込んだら、次は左舷のお客さんにも見せてあげようというわけで、いったん離れて船を反転させ、あらためて左舷から突っ込むのである。すなわち、どんな激流も左右二回突っ込むという、サービス精神旺盛というか、無茶無謀というか、熟慮のうえか何も考えていないのか、激流に揉《も》まれて船がぐるぐる回転しているのにお客さんと何か笑いながら話し込んでたりして、気が気でないことこの上なし。思わず、ここで岩に激突して海に投げ出されたらどこを目指して泳げばいい

ライフジャケットをつけて
巻き込まれてみたい気もする

か、周囲に目を配ってシミュレーションしたりした。

そうして予定の四十分がたったんだかどうなんだか時間もすっかりわからなくなった頃に、港に帰還。いいものを見たというか、無事で何よりというか、こみあげる後味は絶叫マシンに乗ったときとまったく同じ充実度であった。

面白すぎる!

いつかまた晴れた日に、そして今回以上の最強潮流のときに来てみたい、心からそう思ったのである。


ところで——。

村上水軍が活躍したのは、南北朝から戦国時代にかけてだった。

だがそれ以前から瀬戸内海は重要な交通路であり、源平合戦や、さらに遡って聖徳太子の頃、いや、それどころかおそらくもっとずっとずっと昔から、人々はこの激しい潮を乗り切って、往ったり来たりしていた。

現在とちがい、かつては陸を行くより海を行くほうが速かったから、瀬戸内海は東西に走る幹線道路であり、大動脈、ハイウェイであった。そうだとすれば、沿岸の集落は、海道沿いの一等地にできたドライブインであり、駅前商店街であり、今でいうところのイオンモールのような商業コンプレックスというか、そのうえそこに人も住めば、役所もあるような、とにかく人やモノや情報の一大集積地だったはずである。なにしろ主要幹線道路沿いにあるわけだから、内陸にある町よりよほど賑《にぎ》やかだったんじゃないかと思う。

そう考えると、四国の瀬戸内側というのは、かつては日本の国土における一等地だったと言ってよく、路線価も高かったはずで、今でこそ遍路なんて言って、辺境の地というイメージを無理やり被《かぶ》せてロマンを演出しているけれども、弘法大師の頃は、人口密度の高い実に華やかな土地だったわけである。

きっとそこに住む人々は、瀬戸内の早瀬を、鉄道の線路でも見るような気持ちで眺めていたのにちがいない。

もちろん太平洋側はまた違ったとは思うが、四国遍路の少なくとも半分は、京や大和《やまと》からも遠くなく、当時の人々にとっては自宅前の道路とか裏庭と変わらない俗世間の真《ま》っ只中《ただなか》にあった。

だからそこで修行をするといっても、いざとなればすぐ家に帰れるわけで、なんとなくぬるい気持ちでやってた人も多かったんじゃなかろうか。

と、いうようなことを考えた。

四十六日目　大三島〜大島　走行距離20・0キロ

蚊と宿坊

今治駅で、尾道で借りた自転車を返却し、歩き遍路を再開した。

荷台からザックを下ろして背中に担ぐと、ずいぶん重かった。これまでこんなに担いで歩いていただろうかと疑いたくなるほどだった。何かとんでもないものをザックに入れてきたのではないか。だが考えても、いつもと変わらぬ装備である。

荷が重いだけではなかった。すぐ先に見える四《よ》つ辻《つじ》までが遠い。自転車ならあっという間にあそこまでたどり着いたはずだ。じれったくなって、ちょっと走ってますます疲れたりした。

下半身がなんだかふわふわする。足を一歩踏み出すために振り絞った力が、どうも100%正しく使われていない気がする。10の力で地面を踏みしめているとすると、そのうち私を前に運ぶために利用されたのは3程度で、残りの7はどこかに漏れてしまった感じなのだ。自転車はこうじゃなかった。10の力はすべて前進するために公正に使われていた。

今までは気づかなかったが、歩いているときというのは、使っている力のボリュームと、前に進むスピードがマッチしていないように思われる。こんなに力出しているのに、どうしてこの程度のスピードか。踏み出すエネルギーはいったい何に浪費されているのか。

なまじ自転車で楽をしたせいで、歩くのがすっかり面倒くさくなっていた。歩くというのはなんだかそんなものだ。

自転車を返した時点ですでに昼だったこともあり、今日の行程は短めに五十八番札所《ふだしょ》仙遊寺《せんゆうじ》までとした。

仙遊寺に到着し、お参りのあと納経に行くと、納経所に誰もおらず、数人のお遍路が朱印をもらうのを待っていた。

普通納経所に誰もいないときは呼び鈴を鳴らすと出てくるが、ここには呼び鈴がなかった。声をかけようにも奥にも誰もいない様子である。そうなると、いつ現れるとも知れない納経所の人を待つしか方法はない。

十五分か二十分ほどしてようやく納経所の人が、すみませんすみませんと言いながら現れたが、私の前に並んでいた年配の男性遍路は、朱印をもらったあと、納経料３００円と、車で来ていたので駐車料金を取られ、「こんなに待たせといて、金取るんかい」と皮肉を言っていた。

ナイスな表情の石仏

せこい。

実にせこいと思ったのだった。

お遍路であれ何であれ、旅の醍醐味《だいごみ》のひとつは、わけのわからないことや、予定外の事態に遭遇することである。ちょっと予定通りに行かないからといって苛立《いらだ》っては、旅の面白さは見えてこない。朱印を待たされて面白いわけではないが、肝心なのは、時間や合理性に対する感覚が変容することであり、一筋縄でいかなかったり、思い通りにいかなかったときに、その理不尽さややりきれなさを味と思ってこそ、旅が旅になるのである。

どこだったか、もうずいぶん前の寺で、バスで来ていた団体のお遍路のおっさんが、境内にトイレがなく小便をするのに駐車場まで戻らなければならないことに腹を立てて、まったく坊主は金儲《かねもう》けしか考えとらんからけしからん、と大声で悪態をついているのを見たが、トイレが遠くて小便を洩《も》らしそうになったりするからこそ、後で面白いのであって、日常の快適さをそのまま旅先でもキープしようとするのは、料理の一番おいしいところを食べないで捨ててしまうのと同じである。いや、キープしようとしてもいいが、それができないときに、そのできない味わいを噛《か》みしめないのはもったいないと思うのだ。

しかもその後私もトイレに行きたくなり、探してみると境内にトイレはあったのだった。

おっさんはしょうがない、と断定してみたい誘惑に駆られるが、おっさんもいろいろであるし、よく考えてみると私もおっさんであるので、この話はこのへんにしておく。

この日泊まったのは、仙遊寺の宿坊である。

仙遊寺の宿坊は、豪華なことで有名だ。

仮にそうでなくても宿坊というのは泊まってみたいもので、私はこれまでにも二十六番金剛頂寺《こんごうちょうじ》、三十七番岩本寺《いわもとじ》に泊まって、宿坊の厳かな感じを堪能した。

歩き遍路は相部屋になることはあまりなく、よほど混んでいなければたいていひとりで泊めてもらえる。この日私が案内されたのは、12畳もある大部屋だった。風呂が沸くまで、その広い部屋の真ん中で大の字に寝転んで、いい気分であった。ただ、広すぎて少々寒いようでもあった。

私が宿坊を好きなのは、なんとなく厳かな気分がするという、その程度の理由に過ぎないが、厳かという意味では、朝の勤行にこそ宿坊の本領は発揮される。

仙遊寺の山門。赤い水玉がプリティ

まだ夜の明けぬうちから冷え冷えとした本堂に籠もり、僧侶たちの読経を聴く。

神秘的な炎の揺らめく中、空気を丸めて転がすような読経の声が、やがて声とも音とも区別のつかぬ、世界を包む波と化していく。何のお経か知らないが、せんざあぁーい、せんざあぁーい、というあたりの節回しなど、さすが本業、熟練のまろみをみせて、うまくすると空間がのったりとうねりだし、そのとき時空が歪《ゆが》んでいくような、錯覚というかトリップ感というか逝っちゃうというか、もう体ごとどっぷり呑み込まれていく心地よさが味わえる。

これがたとえばキリスト教の荘厳な賛美歌であれば、自分の体が水晶か音《おん》叉《さ》になって、微小な空気の振動に共鳴するような、冷たくシャープで透明な感動にうち震え、意識はますます冴《さ》え冴《ざ》えとして、私が私として生きる使命とか責任感とかよくわからないけど自分を律するカッチリとした何かが、喜びとともにひしひしと意識されてくるわけだけれども、お経のほうは神秘的という点では同じにしても、それ以外はまったく逆に、没入すればするほど、意識は研ぎ澄まされるどころかみるみるどうでもよくなって、自我、自意識を持っていることすら面倒くさくなっていくというか、簡単に言えば眠くなってくるのであって、実に無責任に心地いいのだった。

たまに朝の勤行に出るのが面倒だから宿坊に泊まらないという人があるが、実にもったいない話である。

そんなわけで翌朝を楽しみにしつつ床に就いたのだが、この日、季節はもうとっくに秋だというのに、今まさに朦朧《もうろう》と夢の世界を訪れんとしていた私の耳元で、突如プーンという音がした。

その瞬間、私は思わず布団をはねあげ飛び起きたかと思うと、目にもとまらぬ早業で灯《あか》りをつけて、敵の行方を目で追った。だが、すでに小さな敵はその姿をくらましていた。

私がこの世で三番目ぐらいに憎んでいるもの、それが蚊である。

一番と二番が何かという問題は、今はどうでもよい。いついかなる場合でも、寝床に迫る蚊だけは殲滅《せんめつ》しなければ納得できない私だ。たとえそれが殺生を禁ずる仏教寺院の宿坊においてもだ。不殺生の誓いも、蚊については、超法規的措置により適応されないことに私の中ではなっている。

蚊は、狙った人間が目を覚ますと、目立たない場所で気配を消して、人間があきらめるのをひたすら待つ。その辛抱強さたるや、納経所で十五分待たされて皮肉を言うおっさんをはるかに凌駕《りょうが》するが、私が蚊を退治せずに眠ることは決してない。

このときも発見次第即刻抹殺すべく、そこらじゅうの壁という壁、床に天井、荷物の裏から、テーブルの下に至るまで、徹底的に捜査しまくったのだが、なんということであろう、こんなときに限って部屋めっちゃ広い。12畳の大空間から蚊一匹、そう簡単に見つかるはずがないのだった。

1ミリ以下の小さな脳みそしか持たないくせして、その身を隠す技術に関してだけは、スパコン並みに高度で周到な計算ができるのが蚊の不思議なところである。

この夜も部屋中くまなく探して、まったくその姿を確認することができなかった。

しかも悔しいことに、灯りを消して床に就きしばらくすると、決まってまたプーンという不愉快極まりない羽音が聴こえてくるのであって、そのたびに素早く灯りをつけ、急げ、まだ遠くへは行っていないはず、と刑事のようにそこらじゅう調べ上げるのだが、やっぱり敵の姿を捉えることはできないのである。

何度も灯りをつけたり消したりしているうちに、この蚊にだけは俺の血は一滴たりとも吸わせせん、吸わせてたまるか、という意地と決意で頭がいっぱいになり、灯りのスイッチのそばに布団を移動させたりして、反応時間の短縮までしたものの、どうしても発見できない敵の存在。はらわたは煮えくり返り、任務遂行までは生きて帰らじとの思いは強まるばかりで、吸えるものなら吸ってみよ、そのときがお前の死ぬときだと、みるみるハードボイルドになっていく夜更けの宿坊12畳なのであった。

そうして翌朝早く、慌てふためきながら本堂へ向かおうとした、寝ぼけまなこの玄関先で、

「勤行は終わりましたか?」

「ええ、たった今終わりました」

と言われた私は、痒《かゆ》みのとまらない頬をポリポリかきながら、この理不尽さ、やりきれなさこそ旅の味なのだ、これを噛みしめることこそ旅の醍醐味なのだと、気持ちを切り替えようとしたのであるが、そうはいってもまこと憎きは昨日の夜の蚊であって、できれば今からでもあいつの息の根を止めて、宿坊の出立はそれからにしたいぐらいに思ったのであった。

四十七日目　大島〜今治〜五十八番仙遊寺　走行距離17・4キロ／歩行距離8・2キロ

旅を左右するもの、それは靴下の湿り気

四国遍路屈指の〝へんろころがし〟六十番札所横峰寺《よこみねじ》への登り道を、前夜同宿だった還暦のおじさんと抜きつ抜かれつしながら登った。

北海道から来た還暦のおじさんは、霊山寺《りようぜんじ》からここまで二十九日で歩いてきたことを、さりげなく得意にしている様子で、最長で一日42キロ歩いたと語っていた。そして「いやあ、四国の太平洋は素晴らしいね。迫力あるね。それに比べると松島なんて、どうにもならない」と言って、しきりに太平洋を褒める。豪放磊落《ごうほうらいらく》が、彼のキーワードであるようだった。

ならばずいぶん歩くのが速いのかと思えば、そうでもなく、私のほうが若い分だけ速いぐらいだった。私が先を歩き、一時間ほど進んで休憩していると、ほどなくやってきてそのまま「お先に」と行ってしまう。で、また私が歩き出して、だんだん追いつき追い抜いて、その後休憩すると、また「お先に」と休まずに通り過ぎていく。どうやらほとんど休まないらしい。そのペースで一日42キロ歩いたり、ここまで二十九日で来たと

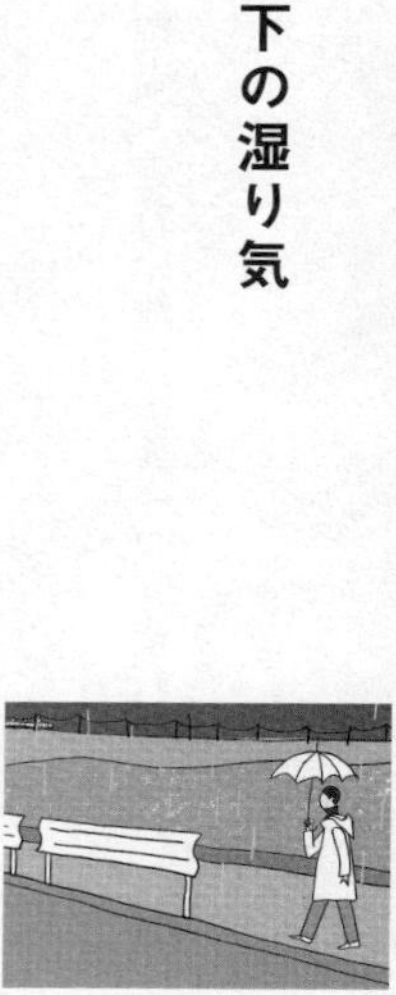

いうことは、よほど長い時間歩き続けているのだろう。聞けば、夕方五時六時までは歩くそうだ。その間、休憩は二度か三度ぐらい。すごい持久力である。

四国を歩いていて気づくのは、年をとっている人ほど、日数にこだわることだ。年配の人は日数の話をしがちである。私ははじめ、ゆっくり行けば行くほど宿代がかかるからみな急いでいるのだ、と思っていた。ところが、どうやらそうではないようだ。

日数へのこだわりは、自分が人並み以上に歩けるかどうか、へのこだわりなのだ。肉体の衰えに不安がある年齢だからこそ、人より速く歩けていることを確認して、ホッとしたいのだろう。

私はだいたい三時ぐらいでその日の行程を終了する。べつに、体力に不安がないから余裕かましているわけではない。むしろ考えていることは私のほうがせこいのであって、理由は早く宿に着いてさっさと洗濯したいからである。洗濯は私にとって重要課題なのだ。洗濯ぐらいどうでもよさそうなものだが、これは、以下のような理由による。

へんろ宿にはたいてい洗濯機が置いてあるが、そんなに台数はなくて、一台か二台、多くてせいぜい三台といったところで、先に誰かが使っていると順番待ちになる。洗濯機はまだ三十分程度で空くからいいけれども、その後乾燥機を使おうとすると、これが最低でも一時間はかかるから、待ち時間も長くなる。そうなると、どんどん就寝時間は後ろにずれ込んで、面倒くさいのである。

それでも乾燥機がある宿なら、まだいいほうだ。半分ぐらいの宿は乾燥機など置いていないから、部屋干しになる。とすれば少しでも早く洗濯したほうが、朝までに乾きやすいという、そういう日常茶飯な煩わしいよしなしごとを、私は胸の底で常に意識しているのである。

一晩干せば何だって乾くだろうと思うのは甘い。シャツやパンツは部屋干しでも十分乾くが、問題は、靴下だ。へんろ中、私は足を痛めないよう厚手の靴下を履いている。これがなかなか乾かない。乾燥機でも靴下だけは一時間以上回してやっと乾くぐらいだ。靴下が生乾きのまま歩くと、汗と合わせてすぐに蒸れはじめるから、マメの殲滅にほぼ全神経を集中している私としては、洗濯問題は、長期防衛計画にも組み込まれている非常に重要なテーマであって、洗濯機の順番取り優先で一日の行程が組まれることもしばしばなのである。

せこい。実にせこいが、それが真実だ。

豪放磊落な年配のおじさんは、五時六時まで歩いて、靴下をどう乾かしているのか。夜遅くまで乾燥機を回しているのか。一足余計に持ってきて、部屋干し二日のローテーションでさばいているのか。それとも湿ってたって気にせず履くのか。

是非とも尋ねてみたいところだったが、なにしろ相手は豪放磊落がテーマであるから、毎日靴下ちゃんと乾いてます？　なんて訊《き》きにくいのだった。

横峰寺の〝へんろころがし〟は、ここまで越えてきたいくつもの峠に比べれば、さほどのことはなかった。ただ白滝奥の院経由の下山道が荒れていて、しかも長かった。こっちから登っていたら、きつかっただろう。

横峰寺から下りてくると、六十一番から六十四番まで、至近距離で四つの札所が続く。このあたりJR予讃線《よさんせん》と国道11号が並走していて、いやらしい。トラックも多く、歩いていてちっとも楽しくない。

うんざりしつつ三時前にその日の宿に入った。洗濯の件がなくても、今日はもう限界という気分だった。退屈な道を長く歩き続けられないのも私の弱点である。

豪放磊落のおじさんとは、山の途中から会っていないが、そのときの口ぶりでは西条まで行って泊まるようなことを言っていた。西条はさらに一時間ほど歩いた先で、そうやって徐々に差がついていくのであろう。

この日の宿は温泉を併設した宿だった。

私は日帰り客の来ない奥まった建物に通され、古ぼけた角部屋を与えられた。

昨日電話で予約を入れたときは、かなり年のいった爺《じい》さんに、何時に着くか絶対に電話連絡入れるように、としつこいぐらい念を押され、だいたい三時か四時ぐらいと答えたにもかかわらず、明日もっとはっきりしてからもう一度電話してください、と捨《す》て台詞《ぜりふ》のように言われて切られ、なんだか不愉快な気持ちになったのだったが、来てみると悪い予感が当たって、障子もしみだらけの貧相な室内に、ますます気が落ち込んだ。

恋

お遍路さんに敬遠されているハズレ宿だったのか、客は私以外、お遍路でない夫婦が一組だけで、食事もまずく、後でメインの皿が出てくるのかと思っていたらそれで全部と言われて、がっくりくる。

ただ、日帰り客を受け入れているだけあり、さすがに風呂は改築間もない清潔感あふれる立派なもので、日帰り客らと一緒に風呂に入っている間は、いい気分だった。

風呂からあがると受付の脇へ回って、裏口から外へ出、旅館へ移動する。すると途端に客はいなくなり、建物はボロくなり、気持ちもぐっと落ち込んでいくんだけれども、そのボロい廊下に洗濯機があって、使い放題だった。乾燥機もあって、どういうわけかこれがよく乾き、場合によっては二時間近くかかることもある靴下が四十分で乾いたりした。

つまらないのとうれしいのが錯綜《さくそう》して、変な気分だ。

しかし私の心には、明らかに微妙な変化が生じていて、部屋に戻ると、このなんともうらぶれて貧相な室内も、それはそれで景色として感じるようになっていた。

障子の大きなしみは、ロールシャッハテストのように見え、どこからか入ってくるすき間風とか、窓から見える何の手入れもされていない雑草が有刺鉄線みたいにぐるぐるになってる庭とか、部屋の前にはそこだけ煌々《こうこう》と明るい自動販売機がブーンとかいって、フルーツ牛乳売ってたりして、いちいちぞんざいで統一感がないのだけれど、そういうデタラメなところが味というか、デタラメゆえに意外な発見が隠れていそうな予感とか、べつに何も発見はなかったけれども、だんだん腑《ふ》に落ちてきて、もう一泊しようかなと思いはじめている自分がいた。もう一度泊まりに来ようなどとはまったく思わないが、ズルズルとだらしなく連泊するにはうってつけの、退廃的な味わいが漂っているのだった。

そんなことを考えた背景には、もちろんきれいな風呂と、靴下が素早く乾いた件が影響していることは間違いない。

だが、よくよく自分の心を探ってみると、これから先、六十五番札所三角寺《さんかくじ》までの長く鬱陶しそうな道が、頭の片隅に引っかかって離れないせいもあるようだった。この先、実に歩く気がしないのである。

地図で見ると、四国から瀬戸内海に突き出したふたつの瘤《こぶ》と瘤の間、伊予小松《いよこまつ》から伊予三島まで、新居浜《にいはま》を経由してほぼ一直線にへんろ道が続いている。この間、六十四番を過ぎると延々札所がなく、道は松山自動車道、国道11号、JR予讃線と並行しつつ、いかにもただ機械的に、西と東を繋いでいる。私はこの区間を、ずっとずっと前、まだ太平洋沿岸を歩いているときから恐れていた。四国遍路において、もっとも単調で、退屈で、苦痛で、車道全開な道なのではないか。地図を見る限り、そうとしか思えない。

ここに連泊したいというより、この先、歩き出すのがおおいにためらわれる。その一歩は人類にとっては小さな一歩に過ぎないが、私にとっては大きな一歩だ。

なんとなく撮影

それでも結局私は、翌朝この宿を出立した。また今夜もあのまずいめしを食うのは嫌だという思いが勝ったのである。

地図上で退屈そうに見えた道は、歩いてみると、実際その通りだった。おおむね国道11号と並行する住宅地の中の道を行くが、時々は11号に出て歩かねばならず、何の因果でこんな交通量の多い道路を歩かなければならないかと思う。おまけに朝から雨が降り出して、私はレインウェアだけでなく、同時に傘も差して歩くはめになった。レインウェアだけでは、そのウェアの表面を伝って雨水が靴に集中して流れ落ちるからだ。靴を濡らすのは絶対避けなければならない。だからレインウェアに雨がかからないよう傘を差すという、実にマヌケな風体で歩いたのである。

神経質すぎるのではないか、と思うかもしれない。しかし、あの北海道から来た豪放磊落おじさんも、ずっと何日もマメが出来なかったのに、久万高原《くまこうげん》で雨に濡れた途端、マメだらけになって歩けなくなったと言っていた。

もしこれが私を特集したテレビ番組で、番組の最後にインタビュアーが「では最後に、宮田さんにとって四国遍路とは、ひとことで言うと何ですか」と質問したとしたら、即座に「マメです」と答えるぐらい、そのぐらいの大問題であるので、やむをえない処置なのである。

つまらないつまらない、と思いながら歩いていった。

歩き遍路の中に、ここで挫折した人はいないのだろうか。はるばる霊山寺から、幾多の〝へんろころがし〟を越え、六十四番まで歩き通した挙句の果ての、新居浜脱落。まさかとは思うが、ひとりぐらいいるんじゃないか。やってられるかあ！　って感じで。

言っちゃ悪いが、瀬戸内側のへんろ道は、一度ゼロから見直してもいいいんじゃなかろうか。旧へんろ道なんてこだわっても、もうトラックの道になってるんだから、いっそ思い切って、高速道路の南側の山腹に自然歩道でも作ってしまうとか。実際六十五番札所は山腹にあるわけだから、六十四番からさっさと山の中に登ってしまうのも手だと思うが、どうだろうか。って誰に提案していいのかわからないが。

午後三時、とりたててハッとするような風景にも出会えず、四国遍路においてこれほどつまらない日はなかったと断言できそうな一日を終え、私はようやく宿に転がり込んだ。

そこで横峰寺に登る手前の宿で同宿だった、今回お遍路三度目か四度目のお爺さんと再会。横峰寺手前の宿はつまりあの豪放磊落おじさんもいた宿である。お爺さんは、

「あの人はまた四国に来ますね」

と思い出すように言った。

「どうしてですか?」

「あのとき二十九日目言うてましたでしょ。そんなに早く回った人は、必ずまた来ます。終わって後悔するんです。もっとゆっくり楽しんだらよかったって……。私がそうでしたから」

そういうものだろうか。

お遍路さんにはたしかにリピーターが多い。

しかし、区切りでゆっくり歩いているせいか知らないが、私は少なくとも国道11号はもうこりごりだと感じている。こんな道は二度と歩きたくない。それとも最後まで歩けば、また気持ちも変わるのだろうか。

四十八日目　五十八番仙遊寺～丹原《たんばら》　歩行距離22・1キロ
四十九日目　丹原～六十四番前神寺《まえがみじ》　歩行距離27・6キロ
五十日目　六十四番前神寺～伊予土居　歩行距離28・0キロ
五十一日目　伊予土居～伊予三島　歩行距離11・5キロ

7章
伊予三島駅から、高松駅まで

杖との旅

伊予三島《いよみしま》をスタートし、六十五番札所《ふだしょ》三角寺《さんかくじ》への道を登っていく。

区切り打ち七度目になる今回は、菅笠《すげがさ》と杖《つえ》を持ってきた。

菅笠は以前買ってしばらく使っていなかったもので、杖のほうは、今回初めて。これにはわけがあった。

私はここまで杖などほとんど持って歩いたことがなかった。室戸岬《むろとみさき》の手前で、竹の杖をもらったことがあるが、三日もたたないうちに先が割れ、使い物にならなくなって、その後は、お遍路に杖などまったく必要ないと思いながら、ここまで歩いてきた。

それがなぜこの期に及んで杖なのか。

それはたまたま実家に戻ったら、杖があって、母に持っていけと手渡されたからである。


杖は、父が生前、那智山《なちさん》でお土産に買い求めたもので、「那智山」という文字が堂々と刻印してあった。那智といえば西国三十三観音巡礼の出発点であるから、西国巡礼の人向けかと思うが、それを四国に持ってきたのである。

というと、父が果たせなかった西国巡礼の夢を私がかわって四国で担うかのようなドラマチックな話と誤解されそうであるが、父にそんなつもりは毛頭なく、どこへ行ってもいらんお土産を買ってくるのが父だった。そうしてそれを死んだ父の形見とも思わず、いらんから持っていけと言うのが母だった。親が親なら、子も子であって、私も本当のところ全然いらんけど、こういう機会でもなければ、この杖は粗大ごみになるしかないから使ってみることにしたわけである。

四国遍路では、杖は弘法大師《こうぼうだいし》のお姿であるとか、化身であるとか、第二形態であるとか、いろいろ言われているが、そういった信仰上の設定は別として、それが実際問題どれほど役立つかという点では疑問に思われる。たぶん急な山道を下る際に支点として役立つだけで、他はむしろ邪魔なだけではないか。一回目のお遍路のとき、スキーのストックを持ってきたものの、ちっとも使わなかった記憶がある。

杖は一見、登り道で役立ちそうなイメージがあるけれども、そんなことはちっともない。急な山道では、むしろ両手が空いていたほうがいざというとき何かにつかまれるし、杖を突くと、反作用で体が起き上がるから、重心が後ろにいって、かえって前への移動に不具合である。

しかもこのたび、登り坂を歩いて歩いて三角寺に近づくにつれ、普段痛まない股関節がだんだん痛み出し、今回に限ってどういうわけかと思ったら、どうやら杖のせいなのであった。

というのも、歩きながら杖を突くと歩行にリズムが出る。それ自体は悪くないが、そのリズムがいい感じなので、それに酔って、つい杖を前へすっと伸ばすようにして突いてしまい、知らず知らずいつもより大股になるのである。

心地いいリズムのせいで、気がつくと股関節痛になっていた。

三角寺の次は、八十八の札所中、最高標高を誇る六十六番雲辺寺《うんぺんじ》。ひょっとすると四国遍路最大の〝へんころがし〟かもしれない山道で、股関節が痛いとはまったくついていない。

以後、私はなるべく杖を突かないことにした。肩に担ぐようにして歩く。

そうすると、なんだか拳法の達人にでもなったような高揚感があり、時々カンフーっぽく振り回してみたくなったりした。ひょっとして杖は、歩くためではなく、熊や蛇や山賊と戦うためにあるのではないか。そうだとすれば腑《ふ》に落ちると思ったのである。

雲辺寺への登りは、三角寺の翌日。国道192号から、一気に400メートル登り、尾根道に出る。そこからさらに尾根道を200メートル登るわけだけれども、思えば合計600メートル内外で、そんな峠はこれまでいくつも越えてきた。

登ってみると、むしろ道は整備が行き届いていて歩きやすく、前夜の宿で、雲辺寺の登りは最初がきついよ、と脅されていたから、いつきつくなるのか、まだきつくないということは、緒についてもいないのか、と不安を覚えた頃には登り終わっていた。ちょうど紅葉の季節だったこともあって、景色も素晴らしかった。

唯一の問題は股関節で、もはや杖を突かなくても痛みが増すようになり、誰も見ていないところで、パンツ一丁になって湿布を貼って対処した。

雲辺寺を打ち、四国中最高高度の〝へんろころがし〟をクリア。

予想以上に簡単な道だった。簡単どころかハイキングの魅力を十二分に味わえる素晴らしい道で、登りも下りももう一度歩きたいぐらいである。

当初の見立てでは、十二番 焼山寺《しようさんじ》、二十・二十一番の二連続登山、宿毛《すくも》〜松山の峠連発区間、六十番横峰寺《よこみねじ》、と並ぶ五大難所のひとつと考えていたが、ここは難所と呼ぶのは違う気がする。

この五つの難所は、お遍路の行程を距離と標高を軸にグラフ化したものから割り出した、言わば理論上の難所で、グラフが高く盛り上がっていれば、そこはきついはず、というだけの根拠である。

しかし実際は、標高差だけで困難の度合いが決まるわけではなく、急な登りでも道が整備され景色がよければ楽しかったりするし、標高差が小さくても歩きにくい難所もある。そもそも難所は登山道だけでなく、私に言わせれば歩道のないトンネルや、交通量の多い国道、単調な町なかの道などのほうが、よほど歩きにくく、またうんざりするものだった。

その意味で雲辺寺は、むしろいいへんろ道ベスト5に入れたいぐらいの道だ。まだ全行程を歩き終わったわけではないが、真の〝へんろころがし〟はどこかという問題について、ここで書いてみたい。

四国遍路中の〝へんろころがし〟で有名なのは、今挙げた五ヶ所以外に、二十七番神峯寺《こうのみねじ》や、日和佐《ひわさ》から室戸岬への長い道のり、八十一・八十二番のある五色台《ごしきだい》の登り、八十八番前の女体山《にょたいさん》の登りなどが挙げられるだろうか。

だが、ここまでの道を、また歩きたいかどうか、という視点で思い返してみると、山道、峠道の多くは、むしろまた歩きたい部類に入る。喉元過ぎれば、というやつかもしれないけれど、それなりに覚悟がいると思う登りは、結局最初の焼山寺だけで、ここが世間一般に言われる最初で最大の〝へんろころがし〟という評価は正しかった。

また日和佐から室戸岬への道は、途中自販機もないなどといって敬遠する人もあるようだが、真夏を避け、食事や飲料水を確保していれば、むしろ楽しい充実した道である。それどころか、今までであそこが一番面白かったぐらいだ。

その他では、内子《うちこ》から久万高原《くまこうげん》の岩屋寺《いわやじ》に至る長い登りは、長いだけに少し気が引き締まるけれども、ほとんど車道だから、あまり険しかった印象はない。

それから六十番の横峰寺は、白滝奥の院から登ると、道が荒れているので、ひょっとするとつらいかもしれない。ここは下りに使ったほうがいいと感じた。

後は、個人的に高知と愛媛の県境にある松尾峠で難渋したが、それは足がマメだらけだったうえにそこまでの行程で疲労困憊《ひろうこんぱい》していたからで、峠自体は、べつに難しくなかったように記憶している。

こうしてみると、いわゆる〝へんろころがし〟はおおむね楽しいのである。真の敵は他にある。

私が二度と歩きたくないと思った道を列挙すると、まず、徳島、松山、高松の市街地がある。市街地では、食べるところにも宿にも苦労しないが、お遍路に来てわざわざこんなところ歩きたくないと思った。なかでも一番きつかったのは松山で、歴史ある街だけに道が狭くて歩道も細く、危険が多かった。

さらに今思い出してもあそこが最悪と思うのは、十九番立江寺《たつえじ》を過ぎてしばらく先の県道22号で、歩道もなくトラックも多く、道は曲がりくねって狭く、危険極まりない。仮にまた四国遍路を歩くことがあっても、私は決してこの道を歩かないであろう。

次いで、高知県の須崎《すさき》。番外霊場の大善寺《だいぜんじ》があるが、その前後、工業地帯の中を歩くのがつらい。景色が汚いうえに、トラックも多い。

その他、予想外に苦しかったのが足摺半島《あしずりはんとう》である。大雨に祟《たた》られマメだらけになったので、晴れたら印象も違ったかもしれないが、海が見えるのに崖の上の道ばかり歩いて、海に近づけないことにストレスが溜《た》まった。

そして六十四番前神寺《まえがみじ》から伊予三島までの国道11号と並行する単調なルート。海沿いを延々歩けた太平洋側とちがい、瀬戸内側はほとんど海沿いを歩かない。こんな道なら

番外霊場椿堂の素敵な福の神

うぉっふぉっふぉっ

何も四国まで来なくてもと思う。

以上、現代の〝へんころがし〟は、山より車道、という結論である。

そんなわけで雲辺寺を快適に下りてきた私であるが、そういえば杖が役に立ったと思った件があるので、報告したい。

山道を歩いていると、突然なんでもない道で蜘蛛《くも》の巣が顔にかかって不快な思いをすることがある。いや、することがある、なんてレベルじゃない。それは数メートルおきに必ずあり、無防備に歩いていると、髪じゅうにまつわりついて白髪みたいになったりする。そんなとき、杖が重宝した。杖を前に突き出し、先をぐりぐり回したり、上下に振ったりして、巣を払いのけるのだ。杖はお大師さまだから、宿では上座にとか、橋の上で突いてはいけないとか、いろいろと決まり事があるが、蜘蛛の巣についてはとくに聞いていないので、弘法大師に率先してからまっていただき、私自身は実に安寧であった。

そういうことなら、やたら蜘蛛の巣に引っかかった愛媛県で使えばよかったと思ったが、それはともかくとして、杖の弱点は、いい景色に出くわして思わずカメラを構えようとすると、片手がふさがっていることとか、雨が降ると傘が持ちにくいこととか、杖の先が、側溝の蓋の穴や金属のメッシュにはまって一瞬抜けなくなり、快調な歩行のペースを妨げられることなどがあり、申し訳ないが、やっぱり手近な札所に納めさせていただくことに決めた。

そうして、「那智山」と大書された父の形見の杖と、たった三日で別れたのである。

五十二日目　伊予三島～佐野　歩行距離19・２キロ
五十三日目　佐野～六十九番観音寺《かんおんじ》　歩行距離23・６キロ

涅槃で観光

雲辺寺の前から、抜きつ抜かれつしている年配のふたり組があって、言葉を交わした。それぞれひとりで、三重と北海道から通し打ちに来て、途中で出会い、意気投合して一緒に歩いているという。

「はじめは勢い込んでスタスタ歩いておったけど、ふと、これじゃあ、車で回っとるんと同じじゃあ思って、今はせめて寺ではゆっくりしようと、そんな感じで歩いてます」

小柄だが足取りのしっかりした三重のおじさんが言った。北海道から来たもうひとりのおじさんは、

「もう飽きた。早く帰りたい」

と、人なつこい表情で苦笑いした。思わず噴き出しそうになる。

「珍しいですね。歩き終わるのが惜しいという人には会いましたけど」

「いやあ、もういいわ。同じだもん。寺なんて」

とか言って身も蓋もない。

「何番て言われても、どんな寺だったかちっとも思い出せないよ。覚えてるのは岩屋寺ぐらいかなあ」

「ああ、岩屋寺はよかったね」と三重の人。「僕もあそこが一番覚えてる。山道が長かったからね、上から下りてきて中入ったときに、鐘の音が聴こえてきて、ああ寺があるなあ思ってね。あそこはよかった」

「ね。あそこよかったよね。オレ、あそこ以外は全然覚えてない」

「それでも、途中でやめて帰ろうとは思わなかったんですね」

と尋ねると、

「いや、思ったよ。今でも思ってる。でももう二度と来ないってわかってるから、最後まで行っておこうかなって。だって悔しいじゃない。ここまで来たら」

北海道の人は、飄々《ひょうひょう》とやる気のないセリフを連発するので可笑《おか》しかった。

「もう民宿とかも泊まりたくないね。面倒くさいし。ビジネスホテルがいい」

そうやって後ろ向きなことばかり言うわりに、歩くのはスタスタと速いのだ。

「だって一刻も早く終わりたいんだもん」

一日で40キロ以上歩くこともしばしばあるそうだ。長距離の日が続くと足が痛くなって、一日休んだりするから結局同じなんだけどね、そう言って笑う。とにかくさっさとおしまいにしたくて、ずんずん歩いてしまうのらしい。面白い人である。

三重の人は、そんな彼を擁護するつもりなのか、それともただそう思うのか、

「時々自分でも、なんで歩いてんやろ、と思うことがあるね」

と言うのだった。

「本当だよ。なんで、歩いてんだろうね」

雲辺寺を下りたところは、もう涅槃《ねはん》の道場、香川県だった。

気がつけば最後の県である。札所の数もちょうど4分の3を終え、納経帳もかなり埋まってきた。

香川県は面積が小さいわりに札所の数は他県と同じぐらいあるので、それだけ札所が密集しているということになる。雲辺寺を下り切ると寺があり、しばらく歩くと、神恵院《じんねいん》、観音寺が並び、さらに折り返して川を遡ると本山寺《もとやまじ》といった具合で、寺ばっかりという味気なさを感じなくもない。あの、歩いているうちに札所のことなどすっかり忘れてしまいそうになった高知県に比べると、こっちは逆に、札所と札所の、文字通り〝間〟がなくて、札所以外の記憶がすべて抜け落ちていきそうなもったいなさがある。札所よりも、道そのものがお遍路の醍醐味《だいごみ》と考えている私にとってはなおさらだ。

風景自体も変わってきた。高知県の場合は、田畑の向こうに山が見えて、その山の向こうはもう何があるんだかわからない感じだったが、ここでは田畑の向こうの山の、そのまた向こうも人間の手になる土地で、自然が持つみずみずしさや荒々しさは均質化され、たとえ道を見失っても取り返しのつきそうな安心感がある。まるで、京都かどこかの観光地にやってきて寺巡りをしているような、心地よさと物足りなさだ。

おお、私は今、ここにいる、という旅の醍醐味はいつしか失われていた。

実際ここにいるのだから臨場感がないとは言わないが、知らない土地にポツンと立つ所在無さ、全身がシャキッと目覚めているようなあの鮮烈さは、失われていた。言うなれば、
おお、私は相変わらず、ここにいる！

といったところか。まさに相変わらずといった感じ。マンネリという言葉が脳裏をちらつく。私は時間をかけすぎたのかもしれない。

年配のふたりと一日行動を共にしたあと、私は洗濯を考えて三時過ぎには手近な宿に入った。彼らは五時まで歩くといって先へ行ってしまった。

「あと一週間もすれば終わるよね」

北海道の人は最後まで可笑しかった。

なんとなく出会って、なんとなく一緒に歩き、なんとなくさようなら。この関係が心地よい。

誰かが言っていたが、瀬戸内側は、太平洋側に

路傍の小さな神社にナイスな白鳥

比べて寺が立派だという。

たしかに、瀬戸内側の札所は平均的に参拝客が多く、寺そのものもよく整備されているものが目立つ。そういったことも、どこか観光地を彷彿《ほうふつ》させた。

私は関西育ちなのでよくわかるが、香川県あたりになると、寺の存在感は関西でのそれに近い。関西ではそこらじゅうに寺があって、不思議なことにどこも寂れていない。町にしっくり溶け込んで、寺自身が己の存在意義をはっきり自覚しているように感じられる。おそらく讃岐《さぬき》の札所は、仮に八十八ヶ所に属さなかったとしても、同じように地元の参拝客であふれていただろう。

私は、次から次へと現れる札所を打っていくうちに、だんだん寺巡りをしているような錯覚、というか、お遍路はもともと寺巡りなので錯覚とまでは言えないが、いつしか寺の味わいを比べている自分を発見した。

歩きに徹するという修行の感覚は、もとからあんまりなかったけれど、今ではみるみる薄れてしまって、歩く充実感と引き換えに、物見遊山の安楽さが勝りはじめていた。これまでほとんど読んだこともなかったガイドブックの寺の説明を読むようになり、すでに通り過ぎた札所を、あの寺はこういう寺だったのか、こういうものもあったのか、と今になって思い返したりして、つまるところ、単なる観光客になっていた。

七十一番札所弥谷寺《いやだにじ》は、そんな私の観光客的琴線に触れる寺だった。

もともと山寺が好きで、どこかに秘密の穴やら、抜け道やら、そういうものが隠されていそうなトポスというか、入り組んだり込み入ったりしている迷宮のような神秘さに惹《ひ》かれていた。

弥谷寺は、山寺の山寺たる本領を発揮して、境内を何層かに分け、本堂はいくつも階段を登り終えた上のほうに置いたうえで、途中磨崖仏《まがいぶつ》だの、護摩堂《ごまどう》だの、十王堂《じゅうおうどう》だのを、地形に合わせていびつに配し、全体にゴチャゴチャさせることで参拝者を煙に巻いているところが秀逸である。

なんといっても魅力的なのは大師堂で、中空に懸かるかのような半端な高さにあり、履物を脱いで回廊のような形をした畳敷きの部屋にあがって、そこで真言だの般若心経だのを唱えた後、奥へ回り込んだら、そこには「獅子《しし》の岩窟」なる本物の洞窟があるという、複雑かつ怪奇な構造になっている。こんなお堂を拝すると、現実離れした妖しい気分になる。とりわけ畳の部屋からいきなり洞窟という大胆な構造には、頭がくらくらした。

弥谷寺のあとは、七十二番曼荼羅寺《まんだらじ》、七十三番出釈迦寺《しゅっしゃかじ》と回る。

正面には捨身ケ嶽禅定《しゃしんがたけぜんじょう》と呼ばれる修行の山が聳《そび》えていて、それが香川県に多いポコポコした丸い山で、よく見ると中腹のコルのところに建物が見えていた。あそこまで登ってみればなんだか面白い経験ができそうな気がしたけれども、登らなかったのは、同じ道を登って下りるのが嫌だったからである。

七十五番札所善通寺《ぜんつうじ》の宿坊に泊まり、七十六番金倉寺《こんぞうじ》、七十七番道隆寺《どうりゅうじ》を打ち、丸亀の市街地を抜けて、七十八番郷照寺《ごうしょうじ》、続く坂出《さかいで》市内で雨が降り出し、雨の中、山門が鳥居になっている天皇寺《てんのうじ》を打ったところで集中力が切れ、そこからJRの電車に乗って高松に出た。雨の中を歩く気はさらさらなかった。

香川県の札所は、善通寺あたりから、へんろ道に沿うようにしてJR線が走っており、何かあればすぐに電車に乗れて便利である。地図を見たときから、これは高松を拠点にして、軽荷でへんろ道に通うのが得策だと踏んでいた。なのでこのたび、いったん高松に出て拠点の宿を決め、雨が止《や》んだら電車で天皇寺まで戻って、ふたたび同じ場所から歩き出すというピストン遍路作戦を考えたのだった。

地図を確認すると、この作戦は、高松を過ぎても、琴電を利用すれば八十七番長尾寺《ながおじ》まで使える。駅から駅へと歩いて繋《つな》ぎ、その日の行程が終われば高松に戻って泊まるのである。

そういう意味で、とても歩きやすい讃岐の道場なのだが、そうやって楽できる分、自然との親密度は薄れ、ポツンとこんなところを歩いているという孤独感もなくなって、お遍路は味気なくなっていく。

だがよくよく自分の胸に手を当てて考えると、雲辺寺登山も予想外によかったし、弥谷寺も味わいがあったし、私は案外香川県の旅を楽しんでいるようだった。

これからの行程にも期待を持っている。というのも、私の地図には、八十番国分寺《こくぶんじ》から八十一番八十二番へ至る山道に、〝すばらしい道〟という書き込みがあるのである。いったい誰に教わったのかもはや思い出せないが、わざわざ書き込んであるのは期待できる。

旅に対する態度が変化してきていた。

お遍路だ、修行だ、冒険だといった気負いを捨てて、お寺を見物したり、ハイキングしたり、うまい讃岐うどん食ったりといった観光旅行者に変身すること、観光の安楽さを軽蔑せず、普通に楽しむことを自分に許すことで、瀬戸内サイドも面白くなるんじゃないか。

高松へ向かう電車の中で、私はそんなことを考えていた。

五十四日目　六十九番観音寺〜七十五番善通寺　歩行距離24・0キロ
五十五日目　七十五番善通寺〜七十九番天皇寺　歩行距離20・8キロ

トンネルの先の幻の池

高松市内に宿をとり、停滞した。

雨だからである。今や観光旅行者と化しつつある私は、雨の中を歩こうという気などさらさらなかった。泊まったのはビジネスホテルだ。停滞だから連泊することははっきりしており、歩き遍路が民宿で連泊するのはみっともないという判断が働いたのである。熱を出して寝込んだというのでもない限り、歩き遍路は連泊などしない。毎日歩くのが修行というたてまえだからである。

ビジネスホテルは、食事はつかないし値段もあがるが、その分気楽でいい。インターネットもあるし、いつまでも寝ていられる。

強いて難を言えば、掛け毛布が薄いことだろうか。シーツと一体になった掛け毛布、これが薄い。このときは十一月だったので、そのまま寝ると寒かった。もっと厚い毛布を持ってきてもらうか、暖房をつければいいのだろうが、わざわざフロントにものを頼むのは面倒で、かといって暖房は空気が乾燥し、喉が張りつくから嫌だった。

それから、シーツといえば、これは四国遍路と何ら関係ない話だけれども、ホテルのベッドにおいて、シーツをマットの端にぐいぐい押し込んでぺったり張りつかせるのは、いったい何の了見だろうか。見た目がきれいというだけだろうか。ベッドに潜り込もうとすると、足を奥に入れるほどきゅうきゅうになり、つま先がバレリーナみたいになって、とても寝られない。寝袋だってこれよりましだと思う。

当然、マットの下からシーツを出して、広々使おうと考えるが、全身シーツの下に潜り込んだまま、脚を持ち上げ、脚力でシーツをマットの呪縛から解放しようとしても、なにしろ自分の重みでマットを押さえつけているから、なかなかシーツが引っ張り出されてこない。ここはいったんベッドを出て、手でシーツを出してから、あらためてベッドに潜り込むのが順序とは思うものの、もう私はベッドに潜り込んでいるのであり、今さらまた外に出るのは面倒だし、それは私の仕事じゃない気がする。ホテルのほうで、シーツを無理に押し込んだのだから、ホテルのほうで出してほしい。寝たままフロントに電話して、シーツを出しに来てください、と言いたいぐらいだ。

しかし、そんなことで電話をかけたら、クレーマーとして要注意人物にされそうだから、ここは上体だけ起こして、乱暴に手でシーツを引っ張り出し、ようやく眠りにつくというダンドリになるわけだが、そうやって寝たときのシーツ（毛布）の軽いこと。ちょっと寝返りを打っただけで、そのまま井戸のつるべのように、スルスルとベッドから滑り落ちたりする。毛布たるもの、もっとどっしりとしていなければならないのではないか。だがどっしりとしていれば、今以上にさっさと滑り落ちる気もする。実に一筋縄ではいかない難題である。

思うにベッドが狭いのがいけない。

単純に考えて、右を下に寝ている状態から、左が下の状態まで寝返るとすると、シーツはそれにつられて体の横幅分だけ移動する計算になる。シングルベッドの幅は私の横幅の倍ぐらいしかないから、寝返り一回でシーツはベッドから半分はみ出すことになる。ベッドから半分もはみ出したシーツは、万有引力の法則に従い、自らの重みによってますます床へ落下しようとするだろう。おそらくその時点ですでに、全身シーツにくるまれていると思っている私の認識は楽観的な期待値に過ぎず、背中の全部にはシーツが届いてなくて、恐るべき冷気が私の背中に侵入し放題になっているはずだ。

これを解決するには、ふたたび反対側に寝返りを打つといいのだが、まさに今寝返って、体のほうは実に屈託のない形に落ち着いたばかりであり、いずれ下側になっている腕の血流が滞って屈託が出てくるまでにはしばらく時間がかかりそうである。そもそも今もとの形に寝返っては、重圧から解放されたばかりの上側の腕が黙っちゃいないだろう。そうこうしているうちに背中が寒くなってきた。よく見えないが、シーツからはみ出ているのは明白と思われる。それどころか寝巻きにしているトレーナーもめくれて、素肌が冷気とじかに触れ合っているのではないかという懸念さえ感じられる。けれども、だからといって、私が背中に腕を回してトレーナーを引っ張ったり、シーツを引っ張ったりすると思ったら大間違いであり、せいぜい目の前でベッドからずり落ちかかっているシーツを引き寄せ、自分の体の上に無造作にのせるぐらいが精いっぱいである。まあ、とりあえずできることから取り組んでいこうと、そうやってシーツを引き寄せ、体の上にまとめたのであるが、その頃には、シーツとセットになっていたはずの薄いベージュ色の毛布がシーツと分離独立し、ところどころ毛布が私にじかに触れて、ちょっと痒《かゆ》い。痒いし、シーツにくるまれていない毛布は清潔なのかという不安も多少あったりして、なんとか毛布は上にシーツは下にという線は守っておきたいと体の上で微調整する。しかし微調整しようにも、それは予想外にすっちゃかめっちゃかになっており、状況を把握するため、仰向けになって脚でぼんぼん蹴り上げながら、ピザを頭上で回転させるような力学で、毛布全体を引き伸ばし、おりゃおりゃ、ぼんぼん、とやってるうちに、冷たい空気が容赦なく毛布の下に入り込んで、寒いやら埃《ほこり》がたつやら、眠いやら面倒くさいやら、くだらないやらアホらしいやら。

ってこれは、こんなにくだくだと書くほどの話であろうか。どうだっていいのではないか。

一日中ホテルで寝ていてもよかったが、せっかくなので、雨の中少し外出することにした。

私は小さい頃、高松に住んでいたことがある。たしか小学三年生だった。当時私が住んでいた場所を地図で調べると、まさに今泊まっているホテルから歩いていける距離なので、傘を差して出かけてみた。

何年ぶりになるだろう、と言えば、実は十年ぐらい前、結婚したあとに一度何かのついでに見に来たことがあり、つまり十年ぐらいぶりだった。

そのときすでに私の住んでいた家は駐車場に変わって跡形もなかったから、今見に行っても、その家が時空を超えて復活していない限りは、うわあ、懐かしい！　なんて展開は考えにくい。

なので私は、トンネルへ行ってみることにした。

そのトンネルは、町の背後に聳える山を貫通しているもので、私の記憶では、中を覗《のぞ》くと、出口の向こうに池が見えたのである。

当時、私は、トンネルを越えて先に行くことを親に禁じられていた。町外れの国道を渡ることも、固く禁じられていた。個人で行動できる範囲が厳密に決められていたのだ。そのせいだろうか、トンネルの向こうに見えた池は、私の中で、理想郷エルドラドのような、手の届かない幻想の地として、胸の奥にしまい込まれ、今でも時々甘い感傷とともに思い出すことがある。

あれを探検しよう。トンネルを抜けてあの池を見に行こう。

私はもう大人であり、あの先へ行っちゃいけません、なんて言う親はいない。当時自分を抑圧していた世界のすべてに復讐《ふくしゆう》に向かうような気持ちで、トンネルへ続く県道を私は歩きはじめた。

記憶によれば、トンネルは町のすぐ背後にあるイメージだったが、行ってみると案外山の高いところにあった。小学生の私は少なくともこの山をそこまで登ったということだ。

私は幼い自分の冒険心に感心しながら、トンネルの入り口にたどり着き、中を覗き込んで、おや？　と思った。

トンネル内部は大きくカーブしており、出口など見えなかったからだ。

おかしい。私の記憶では、トンネルを覗き込んだら、たしかに出口が見えて、その先に池があったはずだ。

あるいは私は出口付近まで行ったのかもしれない。トンネルには歩道もあり、小学生でも安全に中を歩くことができた。この歩道が当時からあったのなら、私はきっと出口まで行ってみただろう。抑圧に抗しながらも、がんばって行ってみた可能性は否定できない。

私はトンネルに侵入した。すぐに左にカーブしており、さほど遠くない先に出口が見えた。しかし、ここでも私は、首をひねった。

出口の先には、池など見えなかったのだ。見えるのは道の両側の森と、どんよりとした雨空だけだった。

では、私がたしかに見たと記憶しているあの池は何なのだろう。あれは空想の産物だったとでもいうのか。年を経るうちに、記憶が捏造《ねつぞう》されたのだろうか。

私はトンネルを抜けた。

そこには、森に挟まれ、カーブしている道があるだけだった。

雨が降り注ぐ。

どんなつまらない池でもいいから、池があってほしかったと思った。

トンネルの先の池は、私にとって、現実世界における抑圧から、自分の内なるファンタジー世界へ逃れるための扉のひとつだったはずだ。きっと池を思うことで、私は何かに耐えていたはずなのだ。その池がないなんて。

私はトンネルを抜けてもさらに歩いてみた。せめてこの先に何が待っているのか見届けたい。県道は交通量が多く、歩いていて不快だった。まるでここまでに出会った〝へんろころがし〟のようだ。

と、思ったら、長い長い下り坂のふもと、道の左側に、コンクリートで護岸されたため池が見えた。

周囲をマンションで囲われた何の変哲もない、幻想を重ねるにはあまりにみすぼらしいというか味わいの薄い池が、濁った水をたたえて横たわっていた。

あれだ。

そうとしか考えられない。

幼い私はあれを見たのだ。ここには、他に池などないのだから。

ということは、幼い私はタブーを破って、100メートル余り、禁忌区域に侵入したということになる。

記憶が少し違っていたのは、トンネルの向こうへ行ってはいけないというその抑圧が、トンネルの向こうへ行っていないというふうに、いつしか実際の記憶を歪《ゆが》めたのかもしれない。

んんん、それにしても、本当にしょぼい池だった。

当時の池がどんな姿だったかはわからないけれども、今とさほど変わらない地味な池だったと思われる。にもかかわらず、当時の私には、この凡庸な池が桃源郷にも竜宮にもシャングリラにも見えて、胸に残ったのである。

なんでもない土地や風景が、思い入れひとつで桃源郷のようにも竜宮のようにも見える不思議。

凡庸な池を目の前にして、私は感激こそすれ落胆はしなかった。その当時、桃源郷は私の心の中にたしかにあったのだし、たとえ幻想であっても私はそれで何らかの力を得たはずなのだ。その気持ちは、あんなのただの池だよ、とたとえ誰かに言われたとしても、きっと変わらなかっただろう。

考えてみると、四国遍路も同じことだ。

多くのお遍路が、四国を特別な土地と思い見なし、ただそこにいるだけで感動したり、感謝したりする。冷めた目で見れば、へんろ道の9割以上はアスファルト道路で、ときにはトラックがばんばん走る国道に過ぎなかったりするにもかかわらず、それは美化され、心の中で光り輝いている。

なかにはそうして美化することに反発を覚える人もいるだろう。

だから、これから新たにへんろ道を歩こうとする者はみな、その一歩手前のところで、判断を求められることになる。

すなわち、この幻想を受け入れるか否か。

四国幻想にどっぷりハマるか、あるいは拒絶するか。

私はどちらかというと、後者に近い立場でここまで歩いてきた。弘法大師空海《くうかい》を崇《あが》めてもいないし、仏の存在など心から信じているわけでもない。だから自分は偽遍路だと思っていた。

だが、1か0かではなく、中間的な立場もきっとあって、多くの遍路はそうした曖昧な立ち位置で歩いているように見える。私自身も、弘法大師や四国への感謝の気持ちを大袈裟《おおげさ》に表明する人の言葉に鼻白む一方で、四国を歩くことを楽しみ、出会った人に感謝することも少なくなかった。

凡庸な日本の一地方か、奇跡の土地か。

おそらくそのような問いには意味がない。そこに答えはなく、四国巡りの体験があるだけだ。ことさらに意識しなくても、世界は自分の体験と記憶の中で形作られ、熟成され、たまには発酵過程で歪められたりもしながら、個別の着地点を見出していく。

心の修行と見なし、厚い信仰心で回るのもよし、単なるロングウォークと割り切るのもよし、歩かなくてもよし、途中で気が変わればもっとよし（旅のスタンスが変われば、二種類の四国を楽しめる）。もう何だってどうだってよし。

私は、トンネルの先の池を、美しいとは思わなかったが、その眺めは実にいとおしいものに見えた。

五十六日目　高松停滞　歩行距離4・0キロ

素晴らしい五色台と、ケジメのないケジメ

以前にも触れたが、私の地図には、八十番国分寺から八十一番八十二番へ至る山道に、〃すばらしい道〃という書き込みがある。旅の途中で誰かが教えてくれたのだ。果たしてどんな道なのか定かではないが、〃すばらしい道〃ならきっと素晴らしいだろうから歩きたい。

その道は、五色台と呼ばれる台地の上にあって、地図をよくよく確認すると、札所を順に打っていくと通らない。五色台には八十一番白峯寺《しろみねじ》、八十二番根香寺《ねごろじ》があるが、台地の南麓にある八十番国分寺から、八十一、八十二を経由して東の八十三番へ下るとすると、八十番から八十二番をダイレクトに繋いでいるその道は、ちょうど避けて通るような具合になる。つまり八十（仮に点Ａとする）、八十一（点Ｂ）、八十二（点Ｃ）をそれぞれ頂点とした、三角形のルートがあり、順番にＡ→Ｂ→Ｃと打つと、地図に〃すばらしい道〃と書かれている辺ＡＣは通過しないのである。

そこで私は、八十一をまず打ち、八十二、八十、それから八十三という順番で歩くこ

とにした。すなわちB→C→Aと進むのである。

雨の降り続く中、高松で停滞し、ようやく雨が止んだ三日目の朝、私は前回電車に乗った、七十九番天皇寺近くのJR八十場《やそば》駅まで戻り、歩き遍路を再開した。

天気はいまだすっきりとせず、できるなら、期待の道は晴れた空の下で歩きたかったが、ただそれだけのために何日も停滞するのは、宿泊費の無駄だと考えた。

五色台は、てっぺんが平らな、いかにも台地らしい台地で、香川県でも人気の景勝地らしく、山肌が美しく紅葉していた。松浦寺なる小さなお寺のあるあたりからドライブウェイを登っていくと、台地に深く切れ込んだ谷間に田畑の青いマットが並んでいるのが見下ろせ、遠くには本州四国連絡橋の姿も見えたりして、早くも五色台が本領を発揮している。今からこんなことでは、〝すばらしい道〟はよほど期待が持てる。

やがて長い階段を登ってたどり着いた白峯寺は、紅葉の見事な寺であった。私は自分が、うっかりしていたことに気づいた。迂闊《うかつ》なことに、紅葉の見事な寺であった。私は自分が、うっかりしていたことに気づいた。道のことばかり考えて、寺についてはまるで想像していなかったのだ。五色台はどうやら、本当にいいところらしい。

白峯寺の段差のある境内には、いくつもの堂宇が建ち並び、そのいちいちが紅葉にまみれて絵になっていた。高揚して写真を撮りはじめたものの、どう撮っても所詮は美しいうえ、晴れたほうがもっと美しいに決まっているので、張り合いがなくなりやめてしまった。適度に美しすぎない風景のほうが、写真も撮り甲斐《がい》があるというものだ。

白峯寺を出て、三角形ABCの辺BCを行く。地図にはとくにコメントはなかったけ

根香寺のキュートな牛鬼

松浦寺

れど、ここも十分いい道だった。前日までの雨でところどころぬかるんでいたものの、道幅が広く歩きやすい、森の中の道である。

そうして楽しみながら八十二番根香寺に到着すると、不覚にも、これがまた風情のある寺だった。

いいところばかりじゃないか五色台。

紅葉はますます鮮やかさを増し、門前には牛鬼なる異形の銅像があって、その異様な姿がまた見事なスパイスになっている。

ちっとも期待していなかった香川県にこれほど味わいのある寺が揃《そろ》っていたとは、想定外もいいところだ。

根香寺を打ち終え、いよいよ期待の道へ分け入る。

そこは、たしかに素晴らしかった。森の中なのに道幅が広く、なおかつアップダウンがほとんどなく、ところどころ地面は落ち葉でふかふかになっている。道幅があるから、頭上も明るく、もし日差しがあって落ち葉が濡《ぬ》れていなければ、さぞかし気持ちも弾んだであろうと思わせた。なるほどこれか、と納得したのである。

さらに道が八十番に向かって下りにかかると、目の前に讃岐平野の展望が開けた。田畑の中に、ポコポコとユーモラスに聳える小山の群れが見える。雨のあとだけに、全体にみずみずしく、まるで箱庭を見ているようだ。

立ち止まってしばらく見とれていると、下から年配の女性が登ってきたので、挨拶を交わした。

「これ、手のひらにのせてじっと立っててごらんなさい」

その人はそう言って、私の手にヒマワリの種を握らせた。

言われるままに、片手を讃岐平野のほうへ突き出して拳を開き、ヒマワリの種を晒《さら》していると、やがて小さな鳥が近場の枝にやってきて、あたりの様子を窺《うかが》いながら、ふわりと滑空して私の手のひらに降り立った。小さな脚の爪が食い込んでくるかと少し身構えたが、それはむしろ赤ん坊がしがみつく手に似て、いとおしさが湧いてくるような感触だった。

小鳥は、すぐには種に手を出さず、キョトキョトした動作で今一度周囲に目を配る。そしてそのもったいぶった停滞とはまったく異質な、そこに時の繋がりを感じさせないほどの唐突さで種をくわえると、一瞬にして姿を消し去った。怖《おそ》れているなら、さっさ

讃岐平野の箱庭のような展望

とかすめ獲《と》って飛び去ればいいのに、手のひらで包めそうなほど停滞するところに、何を考えているのかわからないかわいさがある。小鳥自身も手のひらの上で、なんでかな、なんでかな、と首をかしげていた。黒と茶の中に青が混じったスズメぐらいの小鳥であった。

「何ていう鳥ですか」

「あれは、ヤマガラね」

「珍しい鳥なんですか」

「いいえ。珍しくないわ、普通の鳥」

それから女性は、こんなことを言った。

「このへんは、マムシもよく出るんですよ」

「マムシ！」

「五月から九月ぐらいかしらね。ほら、

ここ道幅広いでしょ。真ん中歩けば大丈夫なように、地元の方が整備してくださっているのよ。大変なことよね」

十一月でよかった。

「私もお遍路をやってみようと思って、香川県だけ歩いたの。それまでお遍路さんを車に乗せてあげようとして断られたことが何度もあったけど、自分で歩いてみてやっとわかった。みんな自分の脚で歩きたいのね」

女性は、そう言って眼下を見下ろし、あそこが国分寺と指差した。

「歩き遍路さんなら二十分ぐらいかしら。遍路の方は速いから」

私は礼を言って女性と別れ、山道を下った。

下りながら、なんていいところなんだ五色台！　と心の中で叫んでいた。

素晴らしい道、ヤマガラ、地元の方が山道を整備していること。今見てきたいろんな風景や思いが頭の中をめぐった。ここには決してダイナミックな自然があるわけでもなく、神秘的な景観があるわけでもない。しかし、この人のぬくもりを感じさせる穏やかな景色が、私の心を落ち着かせる。

香川県に入って四国遍路は、どこかに荒々しさを秘めた修行の相から、人を包み込む旅行の相へと変化してきたように、私には感じられた。

ところで、その後、歩き進む中で、うわずみのように浮かび上がってきた言葉があった。それは、意外にも女性が最後に言ったひとことである。

「遍路の方は速いから」

私はその言葉が妙に引っかかって、いつしか五色台のことは忘れて、それについて考えていた。

つまり歩き遍路に来る人のほとんどは、もともと健脚だということだろう。健脚だからこそやってくる。ということは、遍路に挑戦するというよりも、自分の健脚を確認するために来ている、というひがった見方もできなくはない。

私はこの四国遍路に出る前に車谷長吉の『四国八十八ヶ所感情巡礼』(文藝春秋)という本を読んだ。車谷長吉という人は、予定調和を嫌う人だから、そこには嫌みとしか思えないほど、他の歩き遍路たちへの呪詛《じゅそ》が書かれていた。みな先を急いでバカだ。先を急ぐ奴はみなバカだ。そんな言葉が並んでいたのである。

それを読んだとき、先を急ぐのは、宿泊費を節約したいからで、取材費をもらって歩いている車谷長吉はそのことがわからないのだと私は思った。しかし、こうして長く歩くうちに、彼の気持ちも理解できるようになってきた。

どこかの宿で、年配の男性が、自分はもう六十何歳だが焼山寺を四時間で登った、君は何時間？　ここまで三十日かかっていない、少し疲れてきたから明日は40キロでやめておこうと思っている、もう一週間もしないうちに結願《けちがん》するだろう、とそんな話ばかりするので、閉口して部屋に引き上げたことがある。

おそらく車谷長吉は、彼らが健脚自慢のため、もしくは自分はまだまだ健康なのだと確認するために歩いているのを看破し、そんなのは遍路の精神にもとると言いたかったのだろう。

かくいう私も信仰心などまったくないが、スピードにこだわらないようこだわらないよう、それだけは気をつけながら歩いてきたつもりだ。速さ、日数などにこだわることで、何かが決定的に損なわれてしまう。そういう意識は、はじめから持っていた。四国にいながら四国を見ていない、そんなお遍路になるのは避けたかった。

「遍路の方は速いから」

女性もべつに、お遍路はレースじゃない、という意味でそう口にしたわけではないだろう。だが、その何気ないひとことによって、私の胸中にわだかまっていたものが、するすると解けて、自分のお遍路は間違っていなかったという気がしたのだった。

五色台の南麓に位置する八十番札所国分寺で、菅笠を納めた。

普通は結願した際に納めるものだが、私は最初にひとつ買ったあと、次回それを持たずに四国にやってきたせいで、また買い直した経緯があり、菅笠をふたつ持っていた。なので結願前にどこかでひとつ処分しなければならず、今回どこでもよかったのだが、まあ適当にこのへんで納めてしまおうと思ったのである。

納経所の人は、菅笠を眺め回し、

「まだ、使えるやろう。しっかりしてるで」

と不審な顔をしたが、私は、もうひとつあるので、とはなんだか言いにくく、「いえ、使えないから納めるわけではないので」

とだけ、もごもごロにした。すると、

「そうか。ケジメつけるんやな」

と一方的に察せられ、ケジメとかそんな大それた話ではなく、ふたつあるからなんだけど、せっかくだからこの期を逃さず、厳しい表情に変更して「はい……」と小さく答えて頭を下げておいた。

ケジメもへったくれもない観光遍路だが、いきがかり上、この機会に公式にケジメをつけたのだった。何のケジメかは自分でも謎である。

五十七日目　八十場〜八十番国分寺　歩行距離18・4キロ
五十八日目　八十番国分寺〜高松　歩行距離16・7キロ

8章
南レク御荘公園前バス停から、宇和島駅まで／高松駅から、六番安楽寺まで

全部歩くのか歩かないのか

前回高松でいったん切り上げた私は、年が明けた一月、もう八度目になるお遍路のため、四国へ向かった。今回でいよいよ最後のお遍路にするつもりである。

結願《けちがん》を前にして、私にはひとつ解決しておくべき問題があった。

それは未踏破ルートの件である。夏に四万十川《しまんとがわ》河口から足摺岬《あしずりみさき》を歩いた際、台風に襲われ、目標であった宇和島《うわじま》駅までたどり着けなかった。四十番観自在寺《かんじざいじ》近くから宇和島までの約40キロを残して帰宅したのである。

その40キロをどうするか。歩くべきか、無視するべきか。

ちなみに札所《ふだしょ》は、その区間にはない。観自在寺の次、四十一番龍光寺《りゅうこうじ》は、宇和島の先にあり、すでに私は打っている。つまり手元の納経帳には、高松までの朱印はすべて揃《そろ》っていた。

ならば無視してもいいように思える。敢《あ》えてすべて歩き徹さないほうが、飄々《ひょうひょう》として自由闊達《じゆうかったつ》な感じがするではないか。全行程歩き徹すだって？　は、考えもしなかった

よ。というような自在な境地でいたい。だが、それについて悩んでいることが、すでにに自在でない気もする。

前回の高松で、ある若い遍路に会った。

八十三番一宮寺《いちのみやじ》で出会い、高松駅まで一緒に歩いたのである。

29歳という彼は、大きな荷物を背負い、野宿しながら歩いていた。

野宿の遍路はなかなか大変らしい。荷物が重いのはもちろんだが、その日泊まる場所を確保できるかどうか、毎日そのことで頭がいっぱいなのだそうだ。野宿できる場所は限られていて、多くの休憩所には野宿禁止の張り紙があるし、張り紙がなくても地元民に追い出されることがある。たとえ雨露をしのげる場所があっても、水場がなかったり、トイレがなかったり、店がなく食料が確保できなかったりする。

だから田舎《いなか》よりも都会を歩いているときのほうが、気が休まると言っていた。公園やバス停、駅など泊まれそうなところがいくつもあるうえ、食料やトイレの確保が簡単だからだ。

悩ましいのは、昼過ぎに野宿に最適の素晴らしい場所に出会った場合だそうで、まだまだ歩けるのにそこに泊まるのか、それともこれ以上の場所が見つかるとは限らないけど先へ進むのか、判断に迷うという。

野宿で回るのと、私のように民宿を繋《つな》いで歩くのとでは、見える景色はまるで違うのだった。

彼はその他にもいろいろな話をしてくれた。焼山寺《しょうさんじ》を越えたあと野宿する場所が見つからないまま夜になり、途方に暮れていたところ、おっちゃんが車で運んでくれたこと。他にも地元の人に泊めてもらったり、食事をご馳走《ちそう》になったりした夜は数知れず。オリオン座流星群をシュラフにくるまって眺め、同じように野宿で回る多くの仲間と語らい、こいつとは一生つきあっていくんだろうなと思える友と出会ったこと。

数々の小さな奇跡にも出会った。言葉にしてしまえば、そんなことが奇跡？　というような話でも、本人にとっては、それの起こったタイミングや状況から、どうしても奇跡としか思えないことがある。そんな話もいくつかしてくれた。

そうして彼は、はじめはまったく信仰心などなかったけれど、いつも本当に困ったときには、必ず救いの手が差し伸べられることが不思議で、いつしか感謝の気持ちで納経するようになったと語るのだった。

お遍路はよく感謝の気持ちを口にするが、その強度は人により千差万別で、心底そう思っている人もいるだろうし、ただ美辞麗句を並べているだけの場合もある。誰かのそんな話を聞くと、四国遍路の磁場に呑まれて、機械的にそう言っているだけではないかと、うがった見方をする私だが、彼の真摯な感動に嘘《うそ》はなく、その言葉が心の底から出たものであることは明らかだった。

私は、すっかりうらやましくなってしまった。民宿を繋いで歩くお遍路が、たいてい同じようなルート、同じような見聞の旅になってしまうのに対して、野宿遍路の旅は千差万別で、不安も多い分、魂に食い込んでくる経験も多いのだ。

彼は四国を一周歩くことをもちろん目標にしていたが、途中誰かの車に乗せてもらうことはなんとも思っていないようだった。完全に歩きだけで回ることより、とにかくその日に泊まる場所の確保を第一に考えているからだ。完全に歩くかどうかは、ただのルール、自分で決めた縛りに過ぎないが、泊まる場所の確保は、現実的な問題である。現実問題の前では、自分のこだわりなど二の次なのだ。

私は、未踏破問題に頭を使うのが、バカらしくなった。


去年の夏以来、久々にやってきた高知県、宿毛《すくも》の駅に降り立つと、海の匂いがした。一月だというのに生暖かい風が吹いている。バス停で観自在寺方面行きのバスをぽつんとひとり待っていると、ああ、自分はここにいる、高知県宿毛市の駅前に、という臨場感がひしひしと迫ってきた。以前高知県を歩いていた頃の興奮を思い出して、つい去年のことなのに、遠い昔のことのようだと思う。久々に太平洋岸を歩けるのが、うれしかった。

前回バスに乗った「南レク御荘《みしょう》公園前」までバスで行き、そのバス停から歩き出す。しばらく歩くと左手に宇和海が姿を現した。瀬戸内海とは違って何やら禍々《まがまが》しさを秘めた重量感のようなものを感じる。空は曇って海もどんよりしていたが、これだこれだ、これが太平洋だと思う。

へんろ道は、太平洋とほんの数キロ邂逅《かいこう》しただけで、すぐに海から離れて清水大師のある柏坂《かしわざか》越えに向かうが、私はもう少し太平洋を見ていたく思い、海沿いの道を行くことにした。

津島の町

トンネルを越えると、夏にはスノーケリングもできるという須ノ川海岸に出、海中にサンゴがあるらしいので、見えないものかと海を覗《のぞ》き込んでみたが、よくわからない。

それでも足摺近くで海に潜ったときのことを思い出し、ずっと太平洋を潜りながら旅するのもありだった、と今にして思う。もっともっと自分勝手に楽しめたはずなのに、なんとなく律儀に、ありきたりに歩いてしまった。だが、そういう悔いも、もうすぐ結願だからこそ思うことなのだ。最初からそうそう自由に発想するのは難しい。だからこそ人は、二度目三度目の四国遍路に来るのかもしれない。

津島の宿で、若いお遍路に出会った。

彼も私と同じで、区切り打ちで民宿を繋いで歩く遍路だったが、違うのは、郵便局の消印マニアという点である。彼は四国遍路をしながら、同時に郵便局を回って消印を集めているのだった。郵便局は小さな町や村にもあるから、へんろ道の途上にいくらでも見つけることができる。彼は、そうしたへんろ道にある局だけでなく、少し離れた場所にある局にもできる限り寄り道し、少しでも多くの消印を集めようとしていた。その結果、他の歩き遍路に比べて、その歩みは、寄り道寄り道で、とてもゆっくりしたものになる。自分でもいつ結願できるものやら見当もつかないようなことを言っていた。

好きにやってるよなあ。

まるで先を争うかのような年配の歩き遍路たちの一様さに比べて、若い遍路たちは独自の価値観を持ち、勝手気ままで、多様である。どうせお遍路するなら、そういうふうでありたいものだ。

さらにこの彼は、消印だけではなかった。今回は一週間の休みをとってまず鹿児島まで好きなアイドルのコンサートを聴きに行き、その足で四国へ渡ってきたのである。アイドルとお遍路と消印。まるで共通点がないというか、すっちゃかめっちゃかというか、なんでもありというか、とにかくやりたいこと全部ひとつの旅に放り込んで、楽しんでいた。

津島から宇和島までは、そう遠くない。小さな峠をひとつ越えるだけだ。

宇和島近辺のへんろ道は、国道歩きが長く、退屈だった。とくに見るべきものもなく、札所もなく、風光明媚《ふうこうめいび》でもなかった。歩いているうちに消化試合をやってるような気分になってきた。

歩き遍路と話していると、あと2キロがきつい、という話がよく出る。目的地まであと2キロと出てからがきつい、と誰もが口をそろえる。一日30キロぐらい歩くわけだから、あと2キロぐらい屁《へ》でもないという気がするが、その2キロが予想以上に長いのである。あと少しだと思って気が抜けるせいだろうか。

案の定、宇和島までのあと2キロも、ずいぶん遠かった。間違いなく5キロはあったと思う。

それでも私は、ついに宇和島駅に到達し、四国一周完全踏破の輪を繋いだのであった。

五十九日目　四十番観自在寺〜津島　歩行距離25・3キロ

六十日目　津島〜宇和島　歩行距離15・9キロ

女体と結願

高松のビジネスホテルに大きな荷物を預け、屋島《やしま》へ向けて歩き出す。すでに八十三番まで打ち終え、残すはあと五ヶ所。結願まで距離にして一日半の行程である。

このあたりになると、気持ちはもう結願したも同然というか、結願は単に時間だけの問題であって、乗り越えるべき何かではなくなってきた。

香川県で出会った歩き遍路の多くは、なんとなくみな先を急いでいるように見える。あるいは心の中で、もう四国遍路は終わっていて、その先のことを考えはじめているのかもしれない。

私はてっきり逆だと思っていた。名残惜しさで、わざとぐずぐず歩くお遍路が増え、終わりが近づくほど歩き遍路が渋滞でもしてるんじゃないかと思っていたのだ。だが、そんな人には、たったひとりしか会っていない。あの野宿の若者だけである。

これはつまり、個人個人にとっての四国遍路の充実度の差なんじゃなかろうか。終わりたくないとかいって宿でダラダラしていたり、一日寺で過ごしているとか、そういう人を見かけないのは、自分も含め四国遍路の魅力を120％味わい尽くせなかったことの証明のように思えなくもなかった。

だがまあ実際のところは、体力的にもう限界だからさっさと終わりたいとか、宿泊費を少しでも節約したいとか、ひょっとして一日でも早くゴールして自分の健脚を確認したいとか、あるいは、ここまでずっと歩いてきたから、もう習慣として、その日歩ける分は歩いてしまう慣性の法則とか、その程度の理由なのかもしれない。

八十四番札所のある屋島は、よく知られているように、てっぺんが平らな変てこな山で、上からの眺めが素晴らしかった。運よく空も晴れて、高松の市街と瀬戸内海を一望の下に見渡せ、観光気分。

五色台《ごしきだい》もそうだったが、香川県は観光地がよく整備されているうえに、風景ものどかで味わいがあり、歩いていて楽しい。

その分、お遍路の修行らしさや、緊張感はなくなって、ますます普通の観光客と一体化してしまいそうでもある。

とりわけ私は、白衣《びゃくえ》も着ず杖《つえ》も突いていないから、なおさらただの観光客だ。自分でも徳島からぐるっと歩いてきてここにいるとは思えないような散策気分で、宝物館に入ってみたり、崖に向かってかわらけ投げてみたり、子供向けの水族館にまで入りそうな勢いだったのであって、唯一、結願時に納めようと菅笠《すげがさ》を被《かぶ》ってきたことだけが、お遍路らしさと言えば言えた。

屋島寺《やしまじ》に続く八十五番八栗寺《やくりじ》も、ケーブルカーの横をピクニック気分で登り、境内の聖天堂《しょうてんどう》前では狛犬《こまいぬ》かと思ったら大根だったからびっくりして写真撮りまくり、よく見ればそこらじゅう大根の絵があふれていたので、思わず「なんで大根なんですか？」と納経所で尋ねたりした。理由は、二股大根が、夫婦和合の象徴だからだそうだ。

そういえば雲辺寺《うんぺんじ》でも、茄子《なす》の石像があって「おたのみなす」とか人を食ったような名前がついており、座ると願いが叶《かな》うと説明書きがあったから座ったことがある。なぜ茄子なのかは聞き忘れた。人生に掃いて捨てるほど時間があれば、遍路と野菜の因果関係について考えてみたい。

八十六番志度寺《しどじ》の近くで海に出た。

四国遍路最後の海だ。

沖にはいくつもの島影が、穏やかに浮かんでいる。

私はここでもまた時間をとって、観光気分で海を眺めた。

平安の頃、四国遍路は、四国辺路もしくは四国ノ辺地などと呼ばれ、辺地とはつまり海と陸の境界を意味した。したがって、海辺を修行しながら歩くのが本来の形だった。

しかし、今こうして見る海は、修行とはまったく結びつきそうもない、のったりとした雰囲気で、ますます自分がお遍路だということを忘れそうになる。

だいたい、瀬戸内側はほとんど海沿いを歩かないため、海の存在すら忘れそうになっていたぐらいだ。

これまで太平洋は素晴らしいけど瀬戸内海は物足りないというようなことばかり書いてきたが、ここにきてこの穏やかさに心寛《こころくつろ》ぐのを感じた。今が一月だからだろうか、荒々しい海よりも、のどかな海のほうが、温かそうで和むのである。お遍路は、夏は太平洋、冬は瀬戸内を歩くのが、正解かもしれない。

高松に泊まり、翌日、八十七番長尾寺《ながおじ》から、いよいよ八十八番大窪寺《おおくぼじ》に向けて歩き出す。

鴨部川《かべがわ》に沿って歩き、前山ダムを回り込んだところで、おへんろ交流サロンに立ち寄り、結願を前に、他のお遍路さんと交流しようと思ったら、誰もいなかった。一月は本当に歩き遍路が少ない。

この交流サロンには、お遍路に関する展示スペースがあって、先達の資料や遺品などを見ることができる。何度も何度もお遍路したために、納経帳が朱印で真っ赤になり、ただの赤いノートになってるようなのとか、500回以上お遍路した人の納め札など、濃い展示がいくつもあって、いったいどんだけお遍路してるよ！　とツッコみたくなった。だいたい500回回るのに何年かかるんだ。一周平均四十日として、年に9回。計算上は五十五年余かかる。そうはいっても確定申告したり、知り合いの披露宴に出たり、健康診断行ったり、葬式に出たりもするだろうから、最低でも……などと計算していたら、ほとんどは車ですよとスタッフの人に教えられた。そりゃそうか。

にしても500回って、よほどのモノ好きである。マニアと言うべきか。

そんな時間と金があったら世界でも一周できるぞ、と思ったけれど、マニアにそんな話をしたところで、無駄だろう。お遍路が好きで好きでしょうがないんだから、しょうがない。

ところで、大窪寺へのへんろ道は、この交流サロンから先、いくつかのルートに分かれている。だいたいは旧へんろ道か女体山《にょたいさん》越えのどちらかを選ぶという。旧へんろ道は高低差もあまりなくて由緒もある一方で、女体山越えは、標高774メートルまで登らなければならない。

いらんいらん、由緒でいこう由緒で、と思ったところ、人気があるのは意外にも女体山越えだそうだ。

明らかにきついにもかかわらず、そのほうが人気があるのは、最後の最後に大きな山を越えて達成感を味わいたいという気持ちと同時に、そこに山があれば越えずにはおれないというか、ここまで歩いてきて最後に山越えを避けたら、自分から逃げた気がしてしまうというような、そんな心理が働いているんじゃないかと思われる。あるいは女体山という名前に目がくらんだか。

たしかに、お前は女体に登りたくないのか、と問われれば、登りたいですと答えるし

狛犬かと思えば大根だった

昼寝城入り口

かない。

そういうわけで私も女体に登ることにした。

しかし774メートルは、これまでに越えてきた山や峠の中でもかなり高いほうである。へんろ道上で700メートルを越える場所は、四国全土でも五ヶ所しかない。焼山寺、鴇田峠《ひわたとうげ》、横峰寺《よこみねじ》、雲辺寺、そして女体山である。このうち鴇田峠はもっと低い別ルートがあるし、鴇田峠と雲辺寺はだいたい二日かけてその高度まで登る。となるとここは、焼山寺、横峰寺と並ぶ難所と言えるわけでそれなりの気合が必要である。

途中までは車道歩きだった。といっても車なんか一台も通らない山の中だ。昼寝城址という標識が時々出てきて、冗談かと思う。何かの遊戯施設のネーミングかと思ったら、本当にそういう城があったのだそうで、説明書きが出ていた。しかし昼寝城って……、本当に戦う気あったんかいな。

車道をはずれたあともおおむね階段状に整備されていて、登りにくい道ではなかったけれど、後半になって傾斜が急になり、岩に打ち込まれた金具をたよりに腕の力を借りて登るようなところも出てきた。だがそのほうが一気に高度を稼げるので、むしろ楽とも言える。

いつしか空はどんより曇って小雨が降ってきた。空が暗いと歩いていても楽しくない。さっさと結願したいので、携帯食をとるために途中一度小休止しただけで、一気に女体山頂まで登ってしまった。そうして風景を一瞥《いちべつ》すると、すぐに下りはじめる。いよいよだ。

ほどなく眼下に大窪寺が見えてきた。

おお、あれか、あれが結願の寺か！

女体山胎蔵《たいぞう》ケ峰《がみね》に抱かれる大窪寺。大窪とは大きな窪み、つまり女陰のことだろう。

四国遍路の最後は女陰なのだ。

昼寝→女体→大窪。

んん、なんという素晴らしいルートなんだ。

大窪→大きな窪み→女陰

といっても現実は色っぽさのかけらもないゴツゴツした山である。

私はさっさと山を下り切り女陰、否、八十八番大窪寺に到着した。結願の寺が女陰と称されるのは（べつに称されてるわけではないけど）、ここで生まれ変われという意味だろう。

これまでと同じように、本堂と大師堂で般若心経を唱え、納経所で朱印を頂き、菅笠を納めた。どういうわけか1000円も取られ、納経所の人は実に迷惑そうであった。結願した遍路たちがみなここで杖だの何だの納めていくので、燃やすのが大変でうんざりしているのかもしれない。

ともあれこうして私は四国遍路を結願した。

とうとう結願できて達成感で胸いっぱいかというと、そうでもなかった。さすがに八十八番だから、結願したお遍路さんでごったがえして、わっしょいわっしょい、とか盛り上がってるのかと思ったんだが、あたりには他に二、三人しかお遍路さんはおらず、小雨の混じる中、本当にお遍路ブームなんてこの世のどこかに存在するのかよ、と言いたいぐらい、わびしい結願であった。

まだ終わってないよ、という声が心の中でする。

そう。一番から八十八番まで歩いただけでは、四国を一周したことにはならない。お遍路さんによっては、ここから次は高野山《こうやさん》へ向かう人も多いようだが、八十八番からさらに一番に戻って初めて、四国一周は達成される。

私はまだまだ歩き続けなければならない。

六十一日目　高松～八十七番長尾寺　歩行距離26・0キロ
六十二日目　八十七番長尾寺～八十八番大窪寺　歩行距離12・3キロ

ゴォォォォォォル！（ただし顔は普通）

八十八番札所大窪寺から歩き出すと、すぐに徳島県に入った。

一番へ戻る道はいくつもあるが、私は十番切幡寺《きりはたじ》へ出てそこから一番へ逆にたどるルートを選んだ。かつて歩いた道を逆向きに歩いて、四国遍路を始めたときの気持ちと今の気持ちを比べてみたかった。そして、あのときはこうだったああだったと思い出しながら、達成感に浸りたい。

すでに私の納経帳には八十八の朱印が揃っているが、まだ達成感はなかった。四国を一周し、かつてと同じ場所にこの足で立つ瞬間こそが、ゴールなのだ。

そう考えてみると、私の四国遍路は、信仰心より一周することのほうが優先の旅だったということになるだろうか。たしかにそうかもしれないが、とはいえ札所ではきちんとお経を読み、山門では頭を垂れてきたのも事実である。ろうそくとか線香は省略したけれども、私はちゃんと本物のお遍路さんだった、と今ははっきり胸を張って言える。

気に入った札所もたくさんあった。

なかでもっとも気に入ったのが、得体の知れない奇妙な寺、五十一番石手寺《いしてじ》である。由緒ある寺なのに、ちっとも霊験あらたかな感じがしないところが素敵だった。

次いで仙人が棲《す》んでいそうな、四十五番岩屋寺《いわやじ》。お遍路が修行なのだという思いをもっとも感じさせてくれる寺だった。

さらには、不思議な大師堂を持つ、迷宮のような、七十一番弥谷寺《いやだにじ》。

この三つはとくに印象深い。

そのほか深閑とした山寺、十二番焼山寺もよかった。

二十一番太龍寺《たいりゅうじ》は境内が庭園のようで美しかった。

三十一番竹林寺《ちくりんじ》も苔《こけ》むした風情に趣があり、三十二番禅師峰寺《ぜんじぶじ》からの眺めも素晴らしかった。眺めでいえば、八十四番屋島寺も忘れられない。あと五色台にあるふたつの寺、白峯寺《しろみねじ》と根香寺《ねごろじ》は紅葉が美しく、京都あたりの寺にも似て味わいが深かった。

それからおそらく他の人にはあまり共感してもらえないかもしれないけれど、私には二十五番津照寺《しんしょうじ》と、四十六番浄瑠璃寺《じょうるりじ》が印象に残っている。

津照寺は漁港のゴチャゴチャした一画にある小さなお寺で、急な階段を登る途中に竜宮城のような門がある。自分でも何が気に入ったのかわからないが、札所であろうとなかろうと地元の信仰を集めていそうな、その場所にあるべくしてある感じが、構えていなくてよかった。

浄瑠璃寺は、境内が林のようで、ちょうど暑い日差しを遮ってくれたのが心地よかった。まるで東南アジアにでも来たようなエキゾチックな気持ちになったのである。

一方で、どんなだったかさっぱり思い出せない札所もたくさんあるのだが、それはいいとして、四国遍路で寺以上に印象に残っているのが道そのものである。

なんといってもここが最高だと思う道は、高知県甲浦《かんのうら》から室戸岬《むろとみさき》に至る長い長い海岸沿いの国道55号で、今思い出してもあそこを歩いていた時間こそが、四国遍路のクライマックスだったと思う。途中宿や食堂が少なく、難所と呼ばれることもある道だが、四国遍路は難所のほうが面白いというのが私の印象だ。

焼山寺からの長い下りもよかった。鮎喰川《あくいがわ》の流れが美しく、マメさえ出来ていなければ思う存分足を浸したいと思ったほどだった。

徳島県木岐《きき》の海沿いの林道は歩きやすく南国の趣があり、高知県の奈半利町《なはりちょう》手前の中山峠道も、太平洋に向かって下る草の道が心地よかった。さらに琴ヶ浜の遊歩道、西土佐の入野松原《いりのまつばら》、大岐《おおき》海岸は太平洋を満喫できる道。また宿毛から松尾峠への登り道、愛媛県に入って大寶寺《だいほうじ》から岩屋寺へ至る山道、三坂峠から浄瑠璃寺への長い下り道、雲辺寺の登り下り、五色台、屋島などなど、一見大変そうな道ほど、歩いていて楽しかったのを覚えている。

これらの道のほとんどは歩いてしか通れない。なので、四国遍路はやはり歩いたほうが断然楽しいと私は思うが、まあしかし道の印象は人それぞれで、自然の道よりも歴史を感じさせる古い町並みを歩くのが好きという人もあるから、断定的なことは言わないでおく。

大窪寺から川沿いを延々歩いて、遠くに高速道路の高架が見えてくると、さすがの私の胸にも感傷的な気持ちが湧き上がってきた。

あの高速道路には見覚えがある。私はいよいよ四国を一周しようとしている。

高速道路をくぐると東に折れ、川を渡った。すでにここは吉野川流域、一番から十番までの札所が並ぶ、中央構造線に沿った道だ。

結局なんだかんだ言いながら、全部歩いてしまった。全部歩いたのでは「だいたい四国八十八ヶ所」の名が泣くが、ここまで来たら仕方がない。

南に見えるのは、焼山寺のある山塊である。最初で最大の〝へんろころがし〟と言われる焼山寺。今思えば、あれが登る前にもっとも緊張した道だった。それほど緊張することはないぞ、と今なら当時の自分に言ってやれるが、あの先1000キロ以上も歩くのだという気持ちで眺める焼山寺の山は、実際以上に険しく立ち塞がっているように感じられたものだった。

やがて、十番札所切幡寺の登り口となる四《よ》つ辻《つじ》が見えてきた。

おお、あそこだあそこだ。

かつて私は東からあの四つ辻へ歩いて来、北へ曲がって333段の階段を登って切幡寺を打ち、さらに下りてくると今度は南方向へ、吉野川を渡り焼山寺へ登るために歩い

おお、見たことがある四つ辻！

ていったのである。その四つ辻に、今、西から接近している。

その四つ辻こそが私の四国遍路の真のゴールだ。

んんん、なんか知らんが実況中継したい気分だ。

誰かビデオカメラで撮ってくれ、そしてそれをスローモーションで再生してくれえ、と思ったが、周囲には人っこひとりおらず、ゴールを示すテープが張ってあったりとか、スタンディングオベーションで私を迎える大観衆とか、もちろんタオルを広げて待ってる係員などもいなかった。

せめて自分でボタンを押すとファンファーレが流れる電気仕掛けの箱とか、そんなものでも置いといてほしかった。いや、お疲れさまの看板ひとつでいい。

四国一周を達成した記念すべき私の足

なんでもいいから誰か私を褒め称《たた》えてくれえ、と寂しく思ったけれども、どこをゴールと考えるかは人それぞれなので、四国遍路側もそのすべてにいちいち対応していられないだろう。

ともあれ何ひとつ劇的な演出はなかったものの、私はついに件《くだん》の四つ辻に到達した。

ゴォォォォォォォル！

あくまで心の中でだけ叫び、誰が見てるかわからないので、顔は普通のままにした。

八十八番大窪寺に到達したときは、納経所で1000円取られたせいもあって、ちっとも感動しなかったが、今回は静かに感動した。で、感動しておいて即座にこんなことを言うのもなんだが、もう一度来たいかと聞かれれば、べつに来たいとは思わない。そんな時間と金があるなら、さらに新しい未体験の何かに使いたい。

十番札所切幡寺にお参りする。

札所を打つときは、いつ団体がドカドカやってくるかわからないので、本堂や大師堂にお参りする前にさっさと納経所に行って朱印だけ先にもらってしまうのが常だったが、今回はそうやって焦る必要もない。

のんびりとベンチでくつろぎながら、この八度にわたる区切り打ちの旅、足掛け三年にわたる四国遍路の旅を回想した。

四国遍路の体験談を書いた紀行を読むと、みな最後は弘法大師《こうぼうだいし》やいろんな人々への感謝の気持ちが綴《つづ》られている。私も弘法大師はともかくとして、道で声をかけてくれた人や、お接待してくれた人や、何よりへんろ道を整備し、清掃し、標識を立ててくれた多くの人々に感謝したいと思う。

お遍路経験者の中には四国病といって、その後も四国にやってきては何度も何度もお遍路し、ついには100回とか500回とかいうマニアになってしまう人がいる。私は、そんなふうにはならないけれども、二度三度と来る人の気持ちは理解できる気がした。

四国遍路には四国遍路の充実がたしかにあった。

土佐で出会ったおっちゃんが、

「お遍路してるときはな、何も考えんでええから、それがええねん。今日の宿どうするか、それだけ考えとったらええわけやから」

と言っていた。日常の面倒くさいあれこれから離れて、無心になれる時間。

その他にも、普段なら出会わない人に出会い会話を交わす楽しみや、朱印が集まっていくコレクションの喜び、車では通り過ぎてしまうようなその土地土地における細やかな発見、人によっては自分の心の中で弘法大師と対話し何か悟りのようなものを得たりもするのだろう。遍路では、私は今ここにいると感じさせるだけの、確かな自分の〝在り心地〟を感じることができる。

どんなふうであれ、歩いたら歩いただけの充実が、そこにはあるのだった。

あー面白かった。


市販の納経帳には、最初に参った寺にお礼参りの朱印をもらうためのページがある。私が最初に参ったのは一番札所 霊山寺《りようぜんじ》だが、私は六番札所の安楽寺《あんらくじ》でそれをもらった。温泉山《おんせんざん》安楽寺。

なんてお気楽な名前だろう。いかめしいところより、そっちのほうが私のお遍路の終着点にふさわしい。

十番から一番にかけての道は、かつて西向きに歩いた道。それを今日は東向きに歩いていく。ただし私は三番札所で朱印をもらい忘れ、四番へ向かう途中で引き返したから、その部分だけは今回も同じ向きである。

ああ、この道歩いた歩いた、なんて思い出しながら一番へ向かった。かつてはあと5キロと表示があれば、あ〜あと5キロもか、なんて思ったけれど、今は5キロぐらい平気だ。体力が増進したというより、慣れたのだ。

歩いていると、三番札所のそばにJRの駅があった。考えてみればあの十番下の四辻で私の四国遍路は終わっており、お礼参りも済ませたし、今となっては一番まで戻る理由はまったくないので、私は急遽《きゅうきょ》そこから電車に乗って、さっさと家に帰ったのである。

六十三日目　八十八番大窪寺〜六番安楽寺（ただし九番寄らず）歩行距離29・0キロ

六十四日目　六番安楽寺〜JR板野《いたの》駅（ただし四番寄らず）歩行距離9・3キロ

解説

森山伸也

宮田さんと一度だけ山を一緒に歩いたことがある。あれは二年前の秋だった。

カナダの政府観光局が主催するカナディアンロッキーを歩くメディアツアーなるもので、複数の雑誌媒体で組まれた取材チームのライターとして僕と宮田さんは成田空港で初めて対面した。

宮田さんは、ひと昔前に流行《はや》ったビビッドなパープルカラーがひと際目を引く、ダサカッコいい、よく言えば味のある履きふるした登山靴を履いていた。

「宮田さん、山やるんですか？」

「昔、ちょっとだけ」

つっこんで登山歴を聞いてみると、なんとかつて社会人山岳会に所属していたというではないか。モゴモゴしているので何か隠しているぞ。ズケズケと問いつめるとようやく口を割った。登山において難易度の高い雪山をちょっと齧《かじ》っていたと言ったあとに、八ヶ岳の阿弥陀岳南稜を厳冬期に登ったことがあると白状したのだ。われら山岳雑誌取材班は、ぶったまげた。冬の阿弥陀岳南稜といえば、基本的な冬山装備であるピッケルやアイゼンのほか、状況次第ではザイルやヘルメットなど本格的な登攀《とうはん》道具を必要とするテクニカルな上級者ルートである。

宮田珠己は、かつて『山ヤ』であったのだ。

であるにも関わらず、「登山の『と』の字も知りません」という、とぼけた顔をして「会の先輩に連れていかれただけなんで」とひたすら自らの歩く能力を否定するのだった。

さては、ぜんぜん勉強していない風を装ってコソ勉してテストでさらっと100点をとるイケ好かないヤツみたく、登れないといいながらガンガン登るタイプだな、宮田珠己。

こうして、我々は互いの実力を探りながらカナディアンロッキー一泊二日のテント泊縦走へ突入したのであった。

キャンプ道具を一切合切背負っているのに、宮田さんの足取りは終始軽く、かつて『山ヤ』であった頃の片鱗をうかがわせた。

山中二日目。装備をキャンプ場のテントに残し、空身でブラック・タスクという鋭峰をめざした。

先に出発した宮田さんが300m前を歩いていた。追いつこうとペースを上げるが、宮田さんとの距離は一向に縮まらない。

青空に劈《つんざ》く標高2319mの頂をめざして飄々《ひょうひょう》と歩く宮田さんの背中が、数ケ月前に読んだ『だいたい四国八十八ヶ所』の菅笠をかぶった背中と重なっていった。

★

本書は三年間で八度にわたってフェリーやバス、自転車で四国へ上陸し、四国遍路八十八ヶ所を繋ぎながら四国を歩いて一周した紀行文である。距離にして約1200km、日数にしてのべ64日間の完全自力移動旅だ。

この本を手にした誰もがタイトルの『だいたい』に引っかかる。ぼくもそのひとりで「なんだ、八十八ケ所全部歩いてないのか？」とまずは残念に思ったものだ。

だがそれは早合点であった。この副詞『だいたい』は八十八ケ所にかかるのではなく、宮田さんの旅へ臨む姿勢にかかる『だいたい』なのであった。

本書のなかで宮田さんはこう述べている。

「なぜだいたいなのか、全部行かなくてもいいよう、今から逃げを打ってるんじゃないか、と勘違いするむきもあろうが、それは誤解である。この〝だいたい〟には、細かいことにとらわれず、大きな気持ちでのびのびと未来に向かって歩いていってほしいという、子供たちへの切なる願いがこめられているのだ」

この仰々しい発言は、旅そのものを「や〜めた」と言って投げ出す、あるいは「88のうち10くらいはパスしてもいいやね」という〝ゆとり〟というか、八十八ケ所に縛られない自由を武器に、どんどん攻めていこうじゃないかという宮田さんなりの真剣な四国一周完歩宣言なのである。

長い期間、しかも肉体を酷使して辛抱強く歩く旅では、意外とこういう脱力感が力を持っていたりする。「おっしゃっ、ガシガシ歩くぜ」とヘタに力みすぎたりすると長丁場のどこかで体や精神にガタがきて大抵うまくいかないものだ。マメが痛いだの、雨が邪魔くさいだの、トンネルのバカ野郎だの、グダグダ言いながら歩くことが、長い徒歩旅行を成功に導く秘訣なのである。

果たして本人が意図的にそこまで深く考えて歩いているかは、いささか疑問ではあるが、現実として宮田さんはずんずん歩く。

「やりたいことは面倒くさい」といきなり準備段階から愚痴り、退屈で長い舗装路を前に「バスに乗る」という葛藤と戦い、雨の日はビジネスホテルへ逃げ込む。そんな人間味のある旅があらわになって、読者の共感と同情を呼ぶという一面も合わせ持っている。いや、それにしてもだ。

脱力しすぎである。

遍路道からはずれ、バスに乗って湯のみを買いに行ったかと思えば、ジャングル温泉という突飛な名前に吸い寄せられ二日連続で通ったり、太平洋岸でキャンプしながらシュノーケリングしたり、もうやりたい放題。信仰心の強いお遍路さんが聞いたら菅笠の影からにらまれそうだ。

ところが歩いているうちにだんだん四国遍路の魅力にとり憑かれていき『だいたい』

ではなく『ほぼほぼ』でもなく、『かんぺき』に四国遍路を歩いてしまうのである。

宮田さんが遍路にハマっていく過程のひとつに人との出会いがあった。とくに67歳のオランダ人ヘレナと共に歩いた三日間は、ひと際輝きを放ち、ほんわかと心が温まる。彼女と別れる際、日本語がわからないヘレナへ遍路道、民宿、食堂などと日本語で書いた紙を渡す。世界のあちこちで現地の人に世話になりながら旅を続けてきた宮田さんだからこそできるヘレンさんへの行き過ぎないサポートに、同じ日本人として「宮田さん、ナイス！」と叫びながら本からじりじり温もりを感じるのであった。

自らを人見知りという宮田さんは、遍路道のうえに築かれる人間関係をこう語っている。

「なんとなく出会って、なんとなく一緒に歩き、なんとなくさようなら。この関係が心地よい」

肩書きや学歴、国籍などが意味をなさない歩き旅の上で、もうひとつの人生が流れはじめる。ひとつのゴールに向かって歩いている旅人たちは、歩き方や持ち物でなんとなく互いの人生のバックグラウンドがわかってしまうものだ。だから言葉は少しでいい。端から見ればドライな人間関係であっても、同じ方向を見ている本人たちは日常ではなかなか味わえない心地良い一体感を互いに肌で感じながら歩いているのである。

旅人との出会いだけではない。四国のきめ細やかな四季に彩られた奥ゆかしい風景にも次第に心奪われ、静かに黄昏《たそが》れていく。どうせなにかオチがあるんでしょと読み進めていくと景色描写でしんみりと文章が終わる。「あれ？」と肩すかしを食らった失望感のあとからじわじわと宮田さんのマジメな感動が伝わってきて心を揺さぶられる。このギャップというか、１８０度の方向転換が無防備な読者の感情を刺激し、ざわつかせるのである。

ややもすると単調で堅苦しく捉えられがちな遍路の旅であるが、カヌーツーリングやシュノーケリングの描写もちょいちょい織り交ぜて読者の心をガシッと摑む。そして、四国のアウトドアレジャーをさんざん楽しんだ宮田さんは突然こんなことを言い放つ。「結局私が四国に求めていたのは、これなのだ。自然を思う存分味わいたい。それが、この旅の究極の目的なのだ。お遍路なんていって弘法大師にこじつけなくても、それで十分であり、またそのほうがむしろ重要なことのように思われた」

三年間にもおよぶ血と汗とマメの結晶、四国遍路にようやく少しずつ感情移入しはじめた読者を突然、こうして突き放す。おいおい、やりたい放題は旅先だけにせぇよ。

そんな読者の怒声を気にしてか、遍路八十八ケ所を歩くにあたっての実用的なアドバイスも忘れていない。若干、いやだいぶタマキング的なあやしい偏りはあるものの観光の見どころやお気に入りの寺、気持ちのいい道、注意すべきポイントをたびたび取り上げ、一日の行程と歩行距離もきっちり明記している。

また装備についての助言も明快だ。マメ対策として土踏まずを押し上げる歩行用インソールが有効で、休憩のたびに靴下を脱いで足を乾かすことがいかに重要か切々と説く。

さらにお遍路さんが手にする金剛杖はクモの巣を払うことくらいにしか役に立たないとズバッと切り捨て、絆創膏やガムテープ、湿布などファーストエイドキットの使い道を実体験で綴る。

つまり、本書はゲラゲラと笑いながら旅の行程や持ち物の計画が立てられる希有な四国お遍路ガイドブックでもあるのだ。

★

カナディアンロッキーの縦走も終わりにさしかかったころ事件は起きた。先を歩く宮田さんが山道の脇でぶっ倒れていたのだ。駆け寄ると全身を痙攣《けいれん》させて、口から泡を吹いていているではないか。症状からして脱水症状のようだった。仰向けになった宮田さんの口へ水を流し込もうとしたが、いやいやと駄々をこねて顔を左右に振るものだから顔面に水がびしゃっとかかって「あっぷあっぷ」とさらに苦しそうな表情になってしまった。すかさず調理用の塩を唇にそっと置くとぺろっと舐めて「もっともっと」と塩をせがむ。『山ヤ』じゃなくて子供じゃないか。

ようやく症状が改善された宮田さんのケツをひっぱたいてどうにかこうにかして、街へ下り、宮田さんは生還した。

そういえば、宮田さんは本書の巻末でこんなことを言っている。

「お遍路であれ何であれ、旅の醍醐味のひとつは、わけのわからないことや、予定外の事態に遭遇することである」

カナダの旅を思い返すとき、氷河を抱いた美しい鋭峰は、宮田さんの口から湧き出る泡の前に霞んで消える。

この「わけのわからないこと」や「予定外の事態」こそが、自分だけの旅をカタチ作る土台となり、知らぬ間にぼくらが旅に惹かれる核心でもあるのだろう。

こうして、宮田さんは身をもって旅の醍醐味を教えてくれたのであった。

後日、宮田さんから自宅に天然水が20ℓ届いた。二、三日なんのことかわからず首をかしげていたが、あるときはっと気づき「あんたが飲めよ」と水に向かってつっこんだ。いつの日からかこの鹿児島県財宝温泉の天然水が注ぎ込まれたブルーのペットボトルの残像が、カナダ旅の思い出にしつこくこびりついてしまった。なんでカナダまで行ったのに鹿児島なんだ。しかも財宝温泉行ったことないし。四国じゃなくて九州だし。わけわからん。

そうなのである。知らず知らずのうちにぼくは現実の世界でもタマキングワールドにどっぷりつかってしまっていたのであった。


（もりやま・しんや　山岳ライター）

この作品は二〇一一年一月、本の雑誌社より刊行されました。
初出　集英社WEB文芸RENZABURO

宮田珠己の本

ジェットコースターにもほどがある

世界のジェットコースター、乗って乗って乗りまくり！　臨場感満点の写真と脱力系イラストを交えた、最高に爽快な暴走エッセイ。愛あふれる座談会と日本のマシン格付けも特別収録。

集英社文庫

集英社文庫

だいたい四国八十八ヶ所《しこくはちじゅうはちしょ》

2014年1月25日　第1刷
2021年1月17日　第5刷

定価はカバーに表示してあります。

著　者　宮田珠己《みやたたまき》
発行者　徳永　真
発行所　株式会社　集英社
東京都千代田区一ツ橋2-5-10　〒101-8050
電話　【編集部】03-3230-6095
【読者係】03-3230-6080
【販売部】03-3230-6393(書店専用)

印　刷　中央精版印刷株式会社　株式会社美松堂
製　本　中央精版印刷株式会社

フォーマットデザイン　アリヤマデザインストア　　マークデザイン　居山浩二

ISBN978-4-08-745153-5 C0195